辽宁省课改教师培训教材

SHIJIAN XINKECHENG

SHIJIAN
XINKECHENG

实践新课程

——原理·案例·思想资源库

SHIJIANXINKECHENG
Yuanli Anli Sixiangziyuanku

朱宁波 主编

辽宁师范大学出版社

图书在版编目(CIP)数据

实践新课程:原理·案例·思想资源库/朱宁波主编.
—大连:辽宁师范大学出版社,2006.5(2008.1重印)
ISBN 978-7-81103-346-5

Ⅰ.实...　Ⅱ.朱...　Ⅲ.课程-教学研究-中小学
Ⅳ.G632.3

中国版本图书馆 CIP 数据核字(2006)第 036729 号

出 版 人:程培杰
策　　划:韩德委
责任编辑:张晓芳
责任校对:于志杰
封面设计:李小曼

出 版 者:辽宁师范大学出版社
地　　址:大连市黄河路 850 号
邮　　编:116029
营销电话:(0411)84206854　84215261　84259913(教材)
印 刷 者:大连华伟印刷有限公司
发 行 者:辽宁师范大学出版社

幅面尺寸:145mm×210mm
印　　张:8
字　　数:230 千字

出版时间:2006 年 5 月第 1 版
印刷时间:2008 年 1 月第 4 次印刷
书　　号:ISBN 978-7-81103-346-5

定　　价:12.00 元

前言

我国2001年启动的新一轮基础教育课程改革，给基础教育带来了发展的春天。具有科学的、先进的、全新的课程改革理念，富有指导性、启发性、弹性的课程标准，多样化、选择性的教材，给广大教师带来的不仅是教育教学行为方式的改变，更高层面上是观念的转变与提升。当我们真正与新课程“亲密接触”后，发现教师们十分渴望创造性地、高质量地实施新课程。但由于各种原因，一些教师对新课程似乎像雾里看花，遇到了很多困难，出现了很多困惑。笔者结合自己直接参与教育部课改方案的设计到课改实施过程的经历，特别是通过参与教育部组织的评估、调研活动，认真筛选了一些深入基础教育改革一线，与教师们座谈、研讨等所搜集的大量案例，编写了这本《实践新课程——原理·案例·思想资源库》。目的是为了拉近新课程的理论与实践之间的距离，更好地推进课程改革，实施素质教育。本书适用于参与课程改革的教育工作者、准教师学习之用，其特点和创新之处在于：

1. 全面系统性。本书在编写目标上，以解决参与课改一线老师实际问题为最终目的；在编写内容上，全面阐析新课程改革的目标；在编写体例上，每一部分有明确的学习目标与方向、基本观点与原理、典型案例及分析、思想资源库、问题与思考等，试图从宏观、中观到微观的维度，实现从理论到实践、从抽象到具体、从素材到案例的结合，在便于教师自学的基础上，促进教师深入思考并自主提升。

2. 科学性。本书力求提炼出课程改革的基本观点与原理，明确学习的具体目标，便于学习者全面而准确地把握课程改革的核心观点，以正确地指导教育教学实践。

3. 真实性。本书所精选的大量案例，均是来自于一线教学中反映课改理念的真实的教学案例。之所以强调真实性，就是希望大家经过学习，把注意力集中到直面课改实践中的真实问题，并学习如何在复杂的问题情境中，分析和解决真实的教育问题。

4. 资源性。为了便于大家学习，本书不仅提供丰富的案例，而且提供丰富的学习资源。这些资源包括：学习目标、方向导引、观点与原理、典型案例及分析、思想资源库、问题与思考、参考文献等。

本书由朱宁波设计框架并亲自主持全部章节内容的编写。其中下列同志参加了部分内容的编写：张萍（第1部分）、许晓娟（第2部分）、朱刚琴（第3部分）、姜丽华（第4、5部分）、姜笑君（第6、7部分）。全书由朱宁波负责统稿。

本书的出版得到辽宁师范大学出版社的大力支持，研究生张丽、赵玉丹、郭媛在统稿过程中做了大量工作，在此一并表示衷心感谢。另外，本书编写过程中广泛参考并借鉴了国内教育界前辈和同仁们的研究资料和成果，特此说明并表示诚挚的谢意！

朱宁波

2006年4月于大连

目录

第1部分 国际基础教育课程改革现状

学习目标 1
方向导引 1
一、观点与原理 2
(一)国际基础教育课程改革的价值追求 2
(二)国际基础教育课程改革的特点 3
二、典型案例分析 6
(一)典型案例:日本1988—1998年小学课时计划比较 6
(二)案例分析 7
三、思想资源库 8
四、问题与思考 31
案例一:美国小学母语教学实例 31
案例二:感受加拿大的学生评价 33
小结 36

第2部分 课程功能

学习目标 37
方向导引 37
一、观点与原理 37
(一)强调课程功能三维目标的共同实现 37
(二)学会学习,提高人的可持续发展的能力 39
(三)学会做人,培养学生的健全人格和社会责任感 40

二、典型案例分析 42
(一)典型案例:没有画画的美术课 42
(二)案例分析 45
三、思想资源库 46
四、问题与思考 64
案例一:《詹天佑》教学片断 64
案例二:《呼吸器官》教学实录 67
小结 70

第3部分 课程结构

学习目标 71
方向导引 71
一、观点与原理 72
(一)整体设计九年一贯的课程 72
(二)课程结构强调均衡性 73
(三)课程结构强调综合性 74
(四)课程结构强调选择性 75
二、典型案例分析 77
(一)典型案例:垃圾的分类与处理——小学综合实践活动的案例分析 77
(二)案例分析 79
三、思想资源库 80
四、问题与思考 95
案例一:我们的动物朋友 95
案例二:10年课改路——吉林省松江河林业局实验小学课改纪实 97
小结 99

第4部分 课程内容

学习目标 100
方向导引 100
一、观点与原理 100
(一)学生有着鲜活的生活经验与体验 100
(二)课程内容要联系学生现实的生活世界 101
(三)课程内容也要体现学科知识体系的逻辑性与完整性 102
(四)课程内容是师生共同开发与创生的 103
(五)课程内容与学生生活实践应形成互动 104
(六)“教学大纲”改为“课程标准” 105
二、典型案例分析 106
(一)典型案例:我们走进了“菜园里” 106
(二)案例分析 108
三、思想资源库 109
四、问题与思考 123
案例一:改编后的“估算课” 123
案例二:一堂被“打乱”了的课 127
小结 129

第5部分 课程实施

学习目标 131
方向导引 131
一、观点与原理 132
(一)学生是学习的主体,有着无限的发展潜力 132
(二)学习是学生在教师的引导下主动建构自己知识的过程 133
(三)学生的学习方式是多样的、独特的 134
(四)培养学生的创新精神和实践能力 135
二、典型案例分析 136
(一)典型案例:探究《一元一次方程》 136
(二)案例分析 139

三、思想资源库 141
四、问题与思考 158
案例一：一堂“失败”的好课 158
案例二：前后不同的两堂课 162
小结 165

第6部分 课程评价

学习目标 166
方向导引 166
一、观点与原理 167
(一)重视发展，完善评价功能 167
(二)注重整体性，促进均衡发展 168
(三)关注差异性，促进个性化发展 169
(四)关注质性评价，实现方法多样化 170
(五)评价主体多元化，注重自我评价能力的提高 171
二、典型案例分析 172
学生评价 172
(一)典型案例：利用学习档案对学生进行形成性评价的尝试 172
(二)案例分析 175
教师评价 177
(一)典型案例：利用“教师成长档案”完善对教师的评价 177
(二)案例分析 178
学校评价 179
(一)典型案例：汨罗市小学阶段乡级教育质量评价方案 179
(二)案例分析 181
三、思想资源库 183
(一)学生评价 183
(二)教师评价 190
(三)学校评价 199

四、问题与思考 206
(一)学生评价 206
案例：一堂估算课
(二)教师评价 208
案例:一次观念全新的评课活动
(三)学校评价 210
案例：日本学校评估基准表(缩编)
小结 212

第7部分 课程管理

学习目标 213
方向导引 213
一、观点与原理 213
(一)课程管理体制走向民主与科学 214
(二)课程形态的灵活性与课时安排的弹性制 215
(三)增强地方和学校课程开发与建设的能力 216
(四)一标多本,完善教材管理制度 217
二、典型案例分析 218
(一)典型案例:走进沙地文化——浙江萧山九中校本课程的开发与实施 218
(二)案例分析 221
三、思想资源库 222
四、问题与思考 238
案例一 :民间游戏:活跃农村孩子课堂 238
案例二 :“主动教育”的校本课程开发 240
小结 243

参考文献

参考文献 244

第 1 部分
国际基础教育课程改革现状

学习目标

1. 了解国际基础教育课程改革信息。
2. 理解课程改革与国家整体发展的关系。
3. 把握国际课程改革的共同价值追求与共同特点。

方向导引

世纪之交，基础教育课程改革在世界范围内受到前所未有的重视。近年来，世界许多国家特别是一些发达国家，无论是反思本国教育的弊病，还是对教育发展提出新的目标和要求，往往都从基础教育课程改革入手，通过改革基础教育课程，调整人才培养目标，改变人才培养模式，提高人才培养质量。这些国家都把基础教育课程改革作为增强国力、积蓄未来国际竞争实力的战略措施加以推行。

——《扎实推进素质教育，开创基础教育课程改革新局面》，王湛副部长在全国基础教育课程改革实验工作会议上的讲话，2001 年 7 月 30 日

一、观点与原理

（一）国际基础教育课程改革的价值追求

1. 重构科学世界与生活世界的关系

科学世界是建立在数理、逻辑结构基础上的，由概念原理和规律规则所构成的世界，而生活世界是建立在日常交往基础上的、由主体与主体之间所结成的丰富而生动的日常生活构成的世界。在整个20世纪，“唯科学主义”成为支配课程改革的主导价值观，因此对课程内容选择起支配作用的主要是科学世界。当科学世界被日益强化、在社会生活中不断膨胀的时候，它也就日益与生活世界割裂开来，并为单纯的功利需求所支配。科学世界丧失了意义之源，人就不可避免地沦为“科技理性”的奴隶，人的主体价值也在科学世界中逐渐迷失。而受科学世界所支配的课程体系也就成为“唯科学主义”的传播者，越来越脱离生活世界。因此，在世纪之交各国课程改革均追求科学世界与生活世界的统一，科学精神与人文精神的整合。主要体现在各国课程改革对“回归生活”的关注。

2. 重构人与自然的关系

随着科技的发展，人类对自然环境的破坏愈加严重，导致了当今社会的生态危机。而环境问题归根结底是价值问题，是在人与自然的关系这个根本价值观问题上产生了危机而导致的。近20年以来，环境问题已成为全人类关心的主要问题之一。为此，各国均将关爱自然、追求人与自然的可持续发展作为课程改革的重要价值理念，环境教育成为世界课程改革的热点之一，主要表现在对学生环境意识的培养。如瑞典的义务教育课程改革目标要求“尊重和关心身边的环境和更广范围的环境”；墨西哥小学课程改革目标也指出要通过设置课程，保证儿童“获得基础知识来理解自然现象，尤其是关于保护健康、保护环境和合理使用自然资源方面的知识”。

3. 重构个人与社会的关系

进入20世纪90年代，一系列日益严重的社会问题，如人口膨胀、贫困加剧、种族冲突等，已经成为制约全球社会发展的主要障碍。因而世界各国长期追求的发展模式受到质疑，认为单纯依靠经济发展所带动的社会发展和进步从根本上看是脆弱的，如果继续这种发展政策，存在于国家、地区乃至个人之间的差距将进一步加剧。从更长远的需求和利益出发，转变发展观念，将人的发展置于全部发展行动的中心，扩大经济发展和社会发展的基础，已成为解决全球面临的社会问题的必然选择。应时而动，追求个性化的发展成为世纪之交世界基础教育课程改革的主要价值取向。各国的课程改革实践大多数将追求学习者个性的发展视为应对信息社会、知识经济挑战的主要方面。如韩国20世纪末的课程改革指出要培养的人的规格为“在全面发展的基础上追求个性的人；以基本能力为基础，发挥创造性能力的人”。

（二）国际基础教育课程改革的特点

1. 课程改革具有整体性。

本次世界基础教育课程改革，较之以往具有更强的整体性。各国打破了以往仅仅将课程改革等同于重新编写教材、更新教学内容的局限，对基础教育的课程目标、课程结构、课程内容及其组织方法、课程实施、课程评价等课程的方方面面均进行了调整，突显出本次课程改革的彻底性。从各国课程改革的目标中均可以看到这一特点。

2. 课程结构的均衡性和选择性。

课程结构是指在学校课程的设计与开发过程中将所有课程类型或具体科目组织在一起所形成的课程体系的结构形态。20世纪末的世界基础教育课程改革在课程结构上强调均衡性和选择性。表现在：1993年俄罗斯联邦政府公布的基础教育课程方案中具体规定了必修课、选修课与个别课的课时；韩国1997年开始的课程改革强调实验、学习、讨论、自由活动、社会服务等亲身体验为中心的学习活动，以培养学生解决问题的能力。同时，引入“区别性课程”，从1年级到10年级，数学、英语、韩语、科学和社会等五科设置分层课程；11年级到12年级，大量引入选修课程。

3. 课程内容的综合化和生活化。

课程内容的综合化是指课程内容的选择和安排，不仅要考虑本学科的发展和学生知识的需要，而且强调本学科的思想方法和本学科与其他学科的整合；课程内容的生活化是指加强课程与学生的生活现实之间的联系，避免课程与生活脱节，学而无用。表现在各国课程改革均把关注学生的发展作为核心，关注学生的切实体验。如日本的“综合学习时间”，从学生的经验和兴趣出发，以课题的形式展开，既整合了所学知识，又关注了学生的体验。

4. 注重基础学力的提高。

学力是指在学校这一特定的机构中，在教师的指导下，由儿童通过语言、符号的掌握以及以它们为媒介的有意识、有计划地组织的教学内容、教材的掌握过程而获得的能力。基础学力是儿童适应未来社会的前提，是开展终身学习、促进自身完善与发展的基础。为了适应学习化社会的需要，各国基础教育课程改革均注重基础学力的提高。一方面，信息素养能力的养成更成为各国课程改革的一个热点，各国都十分关注信息技术教育。主要表现在：设置信息技术教育课程，提高学生的信息素养，提高学生对信息的收集、整理、分析、预测能力；为学生和教师提供计算机和网络，辅助教师教和学生学，为学生和教师提供信息资源。另一方面，为了适应全球化社会发展的需要，各国都强调创造性与开放性思维的培养。表现在：韩国第七次课程改革明确提出要“培养主导21世纪世界化、信息化时代的自律的富有创造性的韩国人”；日本课程改革的指导思想中也指明“适应国际合作和使日本人能自立于国际社会的需要，加强国际理解教育，在提高学生民族自尊心、自豪感的基础上，提高对不同民族、国家历史和文化的尊重与理解”。

5. 强调价值观教育和道德教育。

在物质生活充实的同时，人类的精神世界却并未随之丰盈，现今青少年学生价值观失落与道德沦丧的现象有所上扬。因此，各国课程改革普遍注重教育的道德文化层面，强调学生价值观的培养和道德教育。要求在人际关系方面，要承认自我与他人生存和发展相互依赖的关系，尊重他人、诚实可信；在社会方面，要维护国家和民族的利益，维护法律的尊严，为共同的利益而努力，重视公民的义务和责任，尊重宗教和文化的多样性；在自然方面，要把由自然和社会共同构成的环境视为生命和存在基础，对未来和可持续发展抱有责任感，理解人在自然中的位置，努力保持自然的平衡性和多样性。表现在：日本1998年以来的课程改革目标中明确指出，要使学生掌握人类永恒的价值观，培养共同情心、正义感、奉献精神及对大自然和美的事物的热爱等，掌握最基本和最基础的内容；美国小布什总统《不让一个儿童落后(No Child Left Behind)》的改革蓝图中也强调提供更多的资金进行品格教育。

6. 强调对学生的发展性评价。

发展性评价是相对于终结性评价而言的，强调对活动过程的评价。发展性评价的目的不仅是为了甄别、选拔，更重要的是为了促进被评价者的发展。在传统的教育管理分权制国家中，注重学生的发展性评价有较长的历史，至今仍在延续。在集权制国家中，关注对学生的发展性评价正逐渐成为各国课程改革的共识。韩国第七次课程改革最主要的特点就在于强调对学生的发展性评价，要求教师对学生在校的学习、生活情况作翔实的记录，并将平时成绩纳入升学考试中，打破了“一考定终身”的束缚，充分显示了评价促进发展的理念。

7. 课程管理趋向共同参与决策。

课程管理是一种课程行政体制，指教育行政部门(或机构)、人员对课程的各个运行环节所采取的规划、指导、决策、监督、协调等措施。无论在集权制国家还是在分权制国家，当前世界各国的课程管理不约而同地趋向共同参与决策。表现在：中央和地方对课程管理的权力分配趋向平衡；专家、学者、教师等广泛地参与课程设计、课程标准的编制等相关的管理工作；学生对课程的选择权与参与权得到重视。在美英等典型的分权制国家，课程集权的趋势日益明显，如《2000年目标：美国教育法》提出制定国家课程标准，并在未来两年逐步进行对学生阅读和数学的水平和能力的全国性测验；英国政府也在上世纪80年代规定国家课程后，1999年进一步提出在2000年实施新的国家课程。而在日本、俄罗斯等典型的集权制国家，课程管理的分权化趋势日盛，1992年《俄罗斯联邦教育法》规定，地方教育行政当局和学校在设置课程时，在符合统一标准的基础上要从自己的实际情况出发。联邦公布的课程方案，只体现国家最基本的教育标准，要求各地和各校发挥在课程设置方面的自主权。

二、典型案例分析

(一)典型案例:日本1988—1998年小学课时计划比较

1. 日本文部省于1988年底公布并从1992年4月开始实施的小学课程计划方案。

区分	各学科的教学时数									道德教育时数	特别活动时数	总时数
	国语	社会	算术	理科	生活	音乐	图画手工	家政	体育			
1	306	—	136	—	102	68	68	—	102	34	34	850
2	315	—	175	—	105	70	70	—	105	35	35	910
3	280	105	175	105	—	70	70	—	105	35	35	980
4	280	105	175	105	—	70	70	—	105	35	70	1015
5	210	105	175	105	—	70	70	70	105	35	70	1015
6	210	105	175	105	—	70	70	70	105	35	70	1015

资料来源:陈海军.日本中小学课程与改革.外国教育研究,1990(3):35.

2. 日本文部省于1998年底公布并于2002年开始实施的新的小学课程计划方案。

区分	各学科的教学时数									道德教育时数	特别活动时数	综合学习时间	总时数
	国语	社会	算术	理科	生活	音乐	图画手工	家政	体育				
1	272	—	114	—	102	68	68	—	90	34	34		782
2	280	—	155	—	105	70	70	—	90	35	35		840
3	235	70	150	70	—	60	60	—	90	35	35	105	910
4	235	85	150	90	—	60	60	—	90	35	35	105	945
5	180	90	150	95	—	50	50	60	90	35	35	110	945
6	175	100	150	95	—	50	50	55	90	35	35	110	945

资料来源:季银泉.当前美国、日本、俄罗斯的初等教育课程改革.比较教育研究,2000(4):14-17.

(二)案例分析

日本的小学教学大纲大约每隔十年进行一次修订。1998年修订并于2002年4月开始正式实施的教学大纲,是战后日本第六次基础教育课程改革的指导。改革后的教学大纲反映了面向21世纪的日本小学教育的基本理念和方向,体现了教育课程对回归生活、尊重自然和学生个性发展的追求。从上述两表的对比中,可以看出日本第六次课程改革的主要特点:

1. 调整课程结构,增设"综合学习时间"。日本当前的课程改革将课程结构由学科课程、道德教育和特别活动三部分,调整为学科课程、道德教育、特别活动和综合学习时间四部分。

综合学习时间是指学校根据自己所在社区、学校自身以及学生的实际情况开展特色教育活动、进行跨学科学习的时间。在内容上综合学习时间不局限于某一具体学科,而是以学生关心和感兴趣的实际问题为中心开展活动,通过实际问题的解决"活用"各学科知识,将其融会贯通,反映出课程内容的综合化和生活化改革趋向。在实施过程中,综合学习时间充分尊重学生的个性和经验,强调学生在掌握和利用信息技术多渠道收集信息的基础上,培养学生自己发现问题、自己思考和解决问题的能力,形成创造性地探究和解决问题的态度,促使学生深化对人生观的思考,这也反映了日本课程改革对培养学生基础学力的关注,特别是对创造性和信息素养培养上的关注。从综合学习时间的内容与实施上可以看出,综合学习时间在课程类型上属于综合课程与活动课程,也反映了日本此次课程改革中注重课程结构均衡化的趋向。同时,综合学习时间在课程定位上是国家课程,但国家只规定综合学习的目标和课时,不规定其具体的内容,由各个学校创造性地组织跨学科的学习活动。因此,综合学习时间的设置也反映了国家、地方、学校共同参与课程管理的特点。

2. 压缩课时,精简内容,为学生个性的发展提供时间和空间。新的课程方案较之以往,各年级每年均减少了70个课时,相当于每周减少了2课时;同时大幅度削减了国语、算术、理科和社会等文化课的课时比例。课时的压缩必然要求课程内容的精简,精简掉那些死记硬背的、与实际生活相脱离的、陈腐的知识,以便使学生在短时间内有效地掌握真正所需要的、符合社会需求的知识。同时,课时的压缩也为学生提供了更为广阔的自由发展的空间(例如增设了"综合学习时间"),有助于丰富学生的体验,发展学生的个性,促进学生的多元发展。

3. 重视道德教育。近年来已步入老龄化、少子化社会的日本,其青少年在道德和价值观方面的发展存在一系列令人担忧的问题,如学生社会性发展欠缺、社会规范意识低下、智力迟缓、欺负弱小、逃学、暴力等,而这些问题一直未得到根本解决。新的课程改革在削减了总课时、增设了新课程的情况下,仍保持了道德课的课时不变,亦即相对增加了道德课的比例,在一定程度上反映了日本对道德教育的重视。力求通过道德教育的强化,促进学生形成正确的世界观、人生观和价值观,形成健全的人格。

三、思想资源库

1998年11月日本文部省颁布的《学习指导要领》中,课程改革的具体目标:

(1)解决现行课程和学校教育中存在的问题,如学生缺乏学习兴趣、过度的应试教育和竞争、评价标准单一、学生的身心健康问题等。

(2)要使学生掌握人类永恒(贯穿于各个时代)的价值观,培养其同情心、正义感、奉献精神及对大自然和美的事物的热爱等,掌握最基本和最基础的内容。

(3)为使学生灵活地适应社会变化,要使教育从以灌输知识为主转变为使学生学会学习、学会独立思考为主的教育,关键在于激发学生的学习动机;帮助其掌握学习方法,发展其个性,重视解决问题能力的培养。

(4)以学校五日制的实施(2002年开始)为契机,从终身学习的角度重构学校的教育内容,要使学校教育有助于学生在社会和家庭中的学习，并适合其终身学习和选择的需要。

(5)精选教学内容，加强基本能力和基础内容的学习；要从为学生今后的学习和生活打基础的原则出发，严格精选教学内容，转变以知识的量来衡量学生学力的学力观。

(6)改善学习指导和评价方法；必须改变从前偏重知识灌输的教学方法，加强学生的独立思考、解决问题和语言表达能力的培养；改进从知识的量上评价学生学业的评价方法，重视对学习过程、学生的优点、可能性和进步状况的评价。

(7)根据统一性和灵活性相结合的原则，改善课程管理，发挥地方和学校的积极性，给予地方和学校更大的编制和实施课程的自主权。

资料来源：高峡．当前日本义务教育的课程改革及其特点．课程·教材·教法，1999(6)．

为进一步保证面向新世纪的美国教育目标的实现，布什总统于1991年4月18日在白宫签发了由教育部部长亚历山大等人起草的《2000年的美国—— 一种教育战略》的纲领性教育改革文件。这份文件制定了教育改革的战略，明确了中小学教育发展的目标和任务：

(1)在课程设置方面，继续加强自20世纪60年代课程改革以来备受关注的英语、数学和自然科学的课程，也加强长期被忽视的历史和地理两门学科，将上述五门学科确定为核心学科。

(2)在教育管理方面，实行以地方为主的教育管理体制，这种体制的主要特色是实行“报告卡制”，即学校将搜集的学生的学习情况通报给家长、学区、州乃至国家，将教育改革的内容、方式、举措及成效向全国人民进行通报。

(3)在考试制度方面，确定了考核英语、数学、自然科学、历史和地理五门核心学科的“新的世界标准”，并以此标准对4、8和12年级的学生进行全国统一考试，高校和工商企业在录取或录用人才时将以这种考试的成绩为依据。

(4)在教育资金投入方面，除各州、地方与个人向学校教育提供的常规性资金外，布什还要求国会在1992年预算资金中专拨6.9亿美元用以创作首批500所美国新型学校，而美国工商企业界也将投入

1.5亿—2亿美元支持美国新型学校的创建。

(5)在教育信息系统方面,建立全国教育互联网,向所有学校提供最新的信息、研究成果和相关知识,并以此作为搜集教育反馈信息的手段。

资料来源:钟启泉,张华.世界课程改革趋势研究(中卷).北京:北京师范大学出版社,2002:302-303.

20世纪80年代英国中小学课程改革的重要内容是规定了"国家课程"。但国家课程颁布之后,实施工作并不顺利,不满的呼声日益高涨,引发了诸多的问题和矛盾。1993年英国政府对国家课程进行修订,并从1994年9月起实施新的中小学课程改革方案。此次改革的重点在于:

1. 强调基础知识教育。如英语要求恢复写作和会话的良好水平,历史要求认识英国史中的重要人物,数学要求重视传统的算术运算等。

2. 裁减国家课程内容,增加多样性和灵活性的选择。要求压缩全部课程内容,给学校腾出可以自由支配的时间,同时课程设置围绕学术、职业和就业三个领域展开,增加了学生自主选择的机会,满足不同学生的需要。

3. 简化评价的范围和方法。在肯定统一考试在检测学生成绩和学校业绩等方面作用的同时,缩小考试学科的范围,在关键段1、2、3,只对英语、数学和科学3个核心科目进行统一考试。

4. 建立统一的课程管理和协调机构。根据1993年教育法的规定,英国撤销了"全国课程委员会"和"学校考试与评价委员会",代之以新的"学校课程与评估局",将课程和评价两者互相协调和统一。另外,还成立了教育标准局,参与制定教育标准,为政府部门提供咨询和建议。

5. 设立增值指标,科学评判学校的表现。取消7岁和14岁学生的考试成绩排行表,同时改进其他考试成绩排行表的公布方式,设立增值指标。在评价一所学校和学区的表现时,除了考虑学生的平均成绩排名外,还要同时考虑学校和学区所处的社会经济环境以及其在一年中取得的进步。

资料来源：钟启泉，张华．世界课程改革趋势研究(中卷)．北京：北京师范大学出版社，2002：365-367.

韩国教育部于1997年12月30日发布1997－15告示，确定了第七次基础教育课程大纲。决定1998—2000年修订教科书、培训教师。2000年3月小学1、2年级即将实行新的教育课程，之后逐步在各个年级实行。教育课程的构成方针：

(1)培养学生可以主导社会变化和潮流的基本能力。

(2)国民共同基本教育课程和选修中心教育课程体系。

(3)教育内容的量和水平的最合适化，形成有深度的学习。

(4)考虑学生的能力、个性、发展前途，使教育内容和方法多样化。

(5)在教育课程编制和运营方面，提高一线教师的自律性。

(6)确立教育课程评估体系，强化教育质量的管理。

资料来源：孙启林，杨金成．面向21世纪的韩国基础教育课程改革．外国教育研究，2001(2).

日本课程改革中课程领域的划分与年总课时数的安排

1998年6月，日本教育课程审议会总结报告发表，展示了21世纪日本新的学校教育课程的构想。日本中小学的课程原分为“各学科”、“道德”、“特别活动”等三个领域，高中为“各学科”、“特别活动”两个领域。新的课程方案增加了“综合学习时间”，并使这一领域成为与原有的三个领域并行的一个领域。总课时约削减70课时，教学内容削减了30%；为了能够平稳、顺利地过渡到完全的学校周五日制，课程审议会的报告要求各学校进一步精选学校活动，适当实行短课时教学。新的课程方案中，年学校教育周为40周，学科教学为35周。

资料来源：方明生，沈晓敏．日本基础教育课程改革的动向及若干分析．全球教育展望，2001(4).

日本课程改革中初中课程选修学科的扩大

日本现行初中必修学科为8学科:国语、社会、数学、理科、音乐、美术、保健体育、技术家庭。选修学科包含上述必修学科及外语和学习指导要领规定的其他学科。选修学科,第一学年为外语及其他必要学科;第二学年为音乐、美术、保健体育、技术家庭、外语及其他必要学科;第三学年为国语、社会、数学、理科、音乐、美术、保健体育、技术家庭、外语及其他必要学科。新编的课程将外语作为必修课,增加了选修课程的种类。全学年所有学科都可开设选修课,第二学年每名学生至少修一门选修课。第三学年每名学生至少修两门选修课。严格精选必修学科的教学内容,削减必修学科课时。选修课课时的上限从每学年的35课时扩展到70课时,要求各学校创造有特色的课程。

资料来源:方明生,沈晓敏.日本基础教育课程改革的动向及若干分析.全球教育展望,2001(4).

20世纪末俄罗斯的课程改革削减了自然学科的课时比例,增加了人文学科的课时比例。为了顺应人们在科技发达时代对回归人文精神的呼吁,俄罗斯联邦推行"人文化"文化教育方针。在前苏联,人文学科的课时量占总课时的45%左右,自然学科的课时量占总课时的55%左右。在新的俄罗斯联邦中小学课程方案中,人文学科的课时比例提高到50%左右,大体与自然学科持平。

资料来源:季银泉.当前美国、日本、俄罗斯的初等教育课程改革.比较教育研究,2000(4).

美国中学的弹性课段式课程表

<table>
<tr><th>星期
课节</th><th>星期一</th><th>星期二</th><th>星期三</th><th>星期四</th><th>星期五</th></tr>
<tr><td>1</td><td rowspan="2">核心课</td><td>选修课</td><td>选修课</td><td>核心课</td><td rowspan="3">核心课</td></tr>
<tr><td>2</td><td rowspan="3">核心课</td><td rowspan="2">核心课</td><td>选修课</td></tr>
<tr><td>3</td><td>选修课</td><td rowspan="2">核心课</td></tr>
<tr><td>4</td><td>选修课</td><td>选修课</td><td>选修课</td></tr>
<tr><td>5</td><td rowspan="3">核心课</td><td>选修课</td><td rowspan="3">核心课</td><td>选修课</td><td rowspan="2">核心课</td></tr>
<tr><td>6</td><td rowspan="2">核心课</td><td rowspan="2">核心课</td></tr>
<tr><td>7</td><td>选修课</td></tr>
</table>

此课程表是美国某学校一年级的课程表。选修课以单课时的形式出现，核心课除星期四第一节是单课时的以外，其他都是以课段的形式呈现的。而且每次上课的时间长度不一样，有的课段是两个课时的合并，有的是三个课时的合并，但都保持有 5 个课时，保证了一定数量的主课学习时间。课段的上课时间也不一样，有的在上午，有的在下午。这有助于教师根据学生的需要改变各科所分配的教学时间长度，开展各种活动，如开会、出游等。

资料来源：朱敏．美国中学的弹性课程表简介．上海教育科研，2002(6)．

日本课程改革小学学科教育中以生活为中心的合科课程

1998 年日本《学习指导纲要》规定的新的课程方案中，小学学科(国语、算术、生活、音乐、手工图画、体育)不变，要求对低年级儿童进一步重视具体活动和体验、以生活科为中心进行合科指导；中年级继续推进合科指导；高年级引进课题选择等要素，培养基本的选择能力。日本小学低年级的生活科包含 8 项内容：学校和生活、家庭和生活、地区和生活、公共用品和公共设施、季节变换和生活、利用自然和物品进行游戏、动植物的饲养和栽培、自己的成长。

资料来源：方明生，沈晓敏．日本基础教育课程改革的动向及若干分析．全球教育展望，2001(4)．

1993 年，俄罗斯联邦公布了基础教育课程方案(见下表)，方案有两种，分别与三年制和四年制小学相适应。该方案对俄罗斯小学课程的设置作了规定，从中可以看出明显的综合化趋势，如：语言和文学、艺术、社会学科、自然学科、工艺学等。

课程或课程类型	年级（三年制小学）				年级（四年制小学）				
	一	二	三	总比（%）	一	二	三	四	总比（%）
俄语	4	4	4	15.0	3	3	3	3	11.9
语言和文学	4	4	4	15.0	4	4	4	4	15.8
艺术	2	2	2	7.5	2	2	2	2	7.9
社会学科									
自然学科		1	2	3.8	2	2	2	2	7.9
数学	5	5	5	18.6	4	4	4	4	15.8
体育	2	2	2	7.5	2	2	2	2	7.9
工艺学	2	2	2	7.5	2	2	2	2	7.9
以上统一必修课	19	20	21	75.0	19	19	19	19	75.2
有选择的必修课	5	4	3	15.0	1	3	5	5	13.9
学生必修课总数	24	24	24	90.0	20	22	24	24	89.1
选修课、个别课或小组课	2	3	3	10.0	2	3	3	3	10.9
周总课时	26	27	27	100	22	25	27	27	100

资料来源：季银泉．当前美国、日本、俄罗斯的初等教育课程改革．比较教育研究，2000(4)．

1992年2月法国“国家课程委员会”公布了《课程宪章》，规定法国今后课程的编制将对学科体系进行大改革，实行大综合。针对学校教育以学科课程为中心，在提高了知识传授效率的同时也使人类知识的整体性遭受人为地割裂的情况，《课程宪章》开头第一句话就是：“将小学至高中毕业年级的课程融为一体是一个浩繁的工程，它不仅需要教学的必要衔接，还依赖对学生培养目标、学科知识选择标准、知识传授目的和社会化目的不可分割的联结的深刻思考。”

资料来源：http://edu.jl.cninfo.net/school/lm/new.page.guo3.4.3.2.htm.

法国小学母语综合性学习实例

——旅行考察布列塔尼

科目：户外课堂活动

年级：CE2/7年级（相当于我国小学五年级）

学校：Polangis小学

一、作业类型

1. 预备作业（资料收集）

2. 实地学习作业（综合性作业）

二、预备作业

预备作业是由学生把收集到的关于户外课堂活动所在地区布列塔尼的分散资料，自定形式，整理成一份综合资料。

目的：使学生对户外活动将要考察的内容有初步的了解，掌握基本的背景知识。

内容：为户外课堂活动作准备。学生各自搜集资料，内容自选。主要介绍当地的地理、历史、动植物、食物、文化传统、风土人情、历史人物、文学艺术等，并可讲述一些有趣的历史故事。

形式：不限。可以把资料制作成手抄报、墙报、图片、小册子等。

三、实地作业

实地作业是由教师根据各学科的练习、教材设计的一份形式独特的，结合了学科知识与学生实践活动的综合“作业包”，每个学生一份。作业包形式多种多样，包括语文、天文、地理、自然、生物、文学戏剧等学科内容。

实地作业栏目

1. 布列塔尼的地理位置。2. 法国的海岸。3. 天然海岸。4. 人工海岸。5. 天气预报（实地测录）。6. 给亲人写信。7. 学写电报。（学习把同样的内容写成电报、明信片和信）8. 认识水族箱。9. 作文：

如何捕捉虾蟹及放进鱼缸。10. 参观当地著名的水族馆。11. 观察退潮的海边。12. 观察涨潮的海边。13. 观察海港。14. 参观当地的渔港。15. 当地渔港的产品。16. 知识性游戏(快速阅读、猜谜语、字谜、数学游戏等)。17. 戏剧知识(脸谱、各种面部表情和有关形容词)。18. 潮汐的知识。19. 介绍诗歌和关于海的著名诗歌。20. 创作一首描写海的诗。

学生作业实录(略)

资料来源:吕春丽,张志刚. http://www.ywtd.com.cn/gb/teacher/2003-02/25/content.8946.htm.

英国的一节写作课

英国 Framwellgate 中学三年级的写作课上,老师发给学生一篇文章"Points about Experiment on Animals"(对在动物身上做实验的看法),让学生们快速阅读。10 分钟后,老师通过提问的方式检查学生对文章内容、中心主题及作者态度的理解。然后,又发给学生一张 handout。Handout 的一面印有赞成在动物身上做实验的观点,列举了九条论据,支持其观点;另一面是反对在动物身上做实验的观点,列举了几条可能由此带来危险的理由。然后让学生发表自己的看法。学生思维活跃,发言积极。老师把学生的观点稍作文字修改,把赞同方与反对方的意见分别写在黑板的左右方,一目了然。在老师的引导下布置这次写作课的作业内容是给政府写一封信,劝说政府修改《动物保护法》。为了指导学生如何下手,老师又与学生们讨论如何突出这封信的主题及文章的中心论题,阐述、发展、结尾的框架图已呈现在黑板上。学生们只需在这个框架中填补充实相关内容,一篇作文就完成了。

资料来源:韩慧. 英国 Framwellgate 中学课堂教学观摩及思考. 新疆教育学院学报,2002(9).

为了小羊羔

澳大利亚 9 年级(相当于我们的初三年级)学生上数学课,Steve

带领学生来到户外草地，只见两棵树上拴了两只小羊羔，引起学生的极大兴趣。Steve 提出问题："请大家用 36 米长的绳子，以树桩为中心，圈四边形的草地，为了小羊羔不被饿死，怎样圈地，圈出的草地面积最大？" Steve 仅提供 1 米长的尺子两把，约为 50 米的细绳两卷。随后，Steve 将全班同学分成两组活动，每名学生都紧张地忙碌着。这节课乍看没有数学新知识、新方法的学习，但却营造生活情境引入问题解决，很好地体现了"学数学、用数学"的理念。它需要学生考虑：首先，周长一定的四边形何时面积最大；第二，一卷 50 米长的细绳，一把 1 米长的尺子，如何迅速测出 36 米长的绳子；第三，仅有一把尺子，如何近似地构造四边相等、四角为 90°的正方形；第四，如何利用最短的时间完成工作。

资料来源：陈立军．澳大利亚中学课堂数学活动管窥．中学数学教学参考，2003(1、2)：19.

1985 年，美国的专家们提出了一份内容详尽的《普及科学——美国 2061 计划》。"2061 计划"探讨了美国青少年为了适应 21 世纪科学技术和社会的发展与变化，需要在中小学阶段掌握的科学、技术和数学方面的基础知识、技能和应有的科学态度。它代表着美国基础教育课程和教学改革的趋势。

1．"2061 计划"的指导思想

"2061 计划"认为，美国青少年的科技知识非常薄弱，应该在全国范围内搞一次科技扫盲；在科学、数学和技术教育上制定一个示范性、指导性的基本标准，编写新的教学大纲，希望全国的中小学、幼儿园据此来普及科技教育，从而使下几代人具备科学技术的基础素质。普及科技教育不是盲目增加学校的教学内容，中小学的教学重点应集中在最根本的科学基础知识上，并且更有效地把它教好。

2．"2061 计划"的实施步骤

(1)1985—1989 年，美国促进科学协会在首都华盛顿建立了领导实施"2061 计划"的总部，并动员了 800 多位科学家、企业家、大中小学教师和教育工作者参与了这项再造青少年智慧的宏大工程。1989 年推出阶段性成果《普及科学——美国 2061 计划》的报告。该报告明确指出，我们的下一代必将面临巨大的变革；科学、数学和技术位居变革的核心，它们导致变革，塑造变革，并且对变革作出反应，它们对今日的儿童适应明日的世界十分重要。该报告提出了未来儿童和青少年从小学到高中毕业应掌握的科学、数学和技术领域的基础知识的框架，包括主要学科的基本内容、基本概念、基本技能，学科间的有机联系，以及掌握这些内容、概念和联系的基本态度、方法和手段。

(2)1989—1993 年，“2061 计划”总部在旧金山、圣地亚哥、费城等六个有不同代表性的地区建立了分部，根据第一步提出的理论和指导思想，研究实施所需要的条件、手段及战略，并设计不同模式的课程。1993 年问世的《普及科学的阶段指标》报告，标志着“2061 计划”第二阶段圆满结束。该报告阐述了数学、科学、技术以及社会科学的性质、特点，确定了不同年级学生应达到的知识水平及发展程度。

(3)1993 年以后，在完成前两阶段任务的基础上，“2061 计划”拟用 10 年或更长的时间，在一些州和学区进行科学、数学和技术领域教育改革实验。目前的实验以“2061 计划”的 6 个分部为骨干向四周辐射。一般每个分部新建或接管 5 至 6 所实验学校，依据《普及科学的阶段指标》制定实验学校的科学教育大纲，组织编写相应教材，进行教师培训，开展大学、中学、科学家、企业家甚至包括家长和社区之间的多向交流，开展国际教育合作。

1996 年，“2061 计划”设计了进一步的改革蓝图，编制丰富多彩的参考材料，并使之变成电子信息，广为传播；制定关于课程改革和工程推行情况的评价标准；促使各级教育一体化，特别提倡大学要继续支持基础教育；加强教师培训和对科技教育的科学研究工作；筹集和落实改革所需要的资金。

资料来源：http://www.edu.cn/20011127/3011948.shtml.

1988 年，在由 9 个国家 13 岁学生共同参与的国际科学学科知识的测试中，美国学生的成绩位列倒数第二，而在另一项为 18—24 岁青年举办的国际测试中，美国青年的成绩位列倒数第一。教育的这种状况不仅使美国在国际上备感尴尬，更重要的是它将使美国在 21 世纪到来之时因人才短缺而丧失国际竞争力，国家再次处于危机之中。基于此，1989年布什总统召集各州州长共同讨论教育问题。会议发表了题为《国家教育目标》的报告。

《国家教育目标》从六个方面对美国未来的教育发展进行了规划：

(1)为所有孩子做好入学前的准备。

(2)降低中学生的辍学率，高中学生的毕业率至少提高到90%。

(3)学生在4年级、8年级和12年级三个阶段结束时必须在关键的学科——英语、数学、科学、历史和地理中显示应有的能力，每所学校都要保证所有学生能够充分运用他们的智力以有效履行公民的权利和义务，为进一步学习或就业作准备。

(4)美国学生的科学、数学成绩将是世界一流的。

(5)每个成人都将精于读、写、算并掌握有关参与全球竞争及履行公民权利和义务的知识、技能。

(6)每所学校都将没有吸毒现象和暴力事件，为学生的学习提供有利的且纪律得以保障的学习环境。

资料来源：钟启泉，张华. 世界课程改革趋势研究(中卷). 北京：北京师范大学出版社，2002:300-303.

1993年4月21日，新一任美国总统克林顿宣布了题为《2000年目标：美国教育法》的国家性教育改革方案，同时作为国家法案提交美国参众两院审议通过，完成了立法程序，从而揭开了新一轮的中小学教育改革。克林顿提出了如下教育改革和发展计划：

(1)开展一场全国性的运动以实现教育目标。这场教育运动的主要内容有：制定教育标准，这种标准不是联邦政府的标准，而是国家的标准；各州每一所学校都应设置体现国家课程标准的课程；加强师资培训；未来两年将逐步进行对学生阅读和数学水平与能力的全国性测验；联邦政府将于1998年增拨6.2亿美元(比1997年增长26%)用于资助各州制定严格的课程标准。

……

(3)帮助所有儿童提高阅读能力，大力推行“识字计划”。该计划准备雇佣3000名阅读方面的专家，动员10万名大学生参与社区服务；成立一支由100万名公民组成的家庭教师队伍；要求家长必须陪同子女一起读书、写字。

……

(6)加强品德教育。加强公民教育;继续加强秩序和纪律;支持在学校中穿校服,实施宵禁和旷课法,杜绝毒品、枪支和暴力。

……

(10)必须将信息时代的力量带入学校。充分利用现在的信息技术和业已具备的相关资源,并建立新型的互联网。

资料来源:谢梦.美英基础教育改革动向述评.课程·教材·教法,1997(10).

日本课程改革新课程方案中的"信息"科

1998年日本《学习指导纲要》规定的课程方案中,将"信息"科作为高中普通科的必修科目,以适应计算机、网络的普及带来的信息社会的变化。日本计划1999年实现小学两人一台,初中、普通科高中一人一台计算机;2001年所有初中、高中,2003年所有小学连上因特网。但日本学校也面临这方面专业教师缺乏等问题,部分学校在数学、理科等科目中开设相关课,以作为过渡措施。

资料来源:方明生、沈晓敏.日本基础教育课程改革的动向及若干分析.全球教育展望,2001(4).

强化信息素养

为了鼓励和支持青少年学生利用更多的时间学习计算机和网络技能,意大利政府与意大利银行行业协会共同制订了面向教育系统的电脑销售计划,决定自2000年9月起,8、9年级的学生(相当于我国的中学)可凭银行行业协会有关证明按正常价格的40%购买新机;家庭经济困难的学生,可通过意大利银行行业协会以无息贷款的形式解决购机费用问题。

资料来源:世界教育信息,2000(9):31.

电脑教育——东京都赤羽台西小学(信息化)

赤羽台西小学是日本信息教育研究的样板学校,如今,每个教室都设有一台电脑,通过局部网络而互相连接,并以高速线路连接因特网。学校电脑课内容的程度相当高。学生在低年级就学习基本操作,以后逐渐开始在课堂上学习通过因特网收集和查阅信息,并在网页上发表成果等。同时,学生还使用小学生专用的群体软件来与其他学校的学生进行交流和学习制作数据库等。在校期间,学生能够基本上掌握作为信息工具的电脑的使用方法。

资料来源:日本风情.日本平凡社,2001(16).

1998年11月日本文部省颁布新的《学习指导要领》,标志着日本新一轮课程改革的开始。《学习指导要领》中指出日本课程改革的总目标是培养学生具有丰富的人性和社会性;具有自立于国际社会的日本人的意识;培养学生的学习能力和独立思考的能力;通过开展宽松的教育活动,切实加强基础,充分发展个性的教育;使各个学校能够发挥主动性、创出有特色的教育。

资料来源:高峡.当前日本义务教育的课程改革及其特点.课程·教材·教法,1999(6).

1992年7月,叶利钦总统签署了《俄罗斯联邦教育法》。该法令规定:选择教育内容时,必须以发展公民社会、巩固和完善法治国家为最终目的;必须使受教育者形成符合世界标准的教育程度和知识水平;必须保证个人的自我选择,并为其自我实现创造条件,以达到个性与世界文化、民族文化体系的一体化。

资料来源:季银泉.当前美国、日本、俄罗斯的初等教育课程改革.比较教育研究,2000(4).

2000年9月英国资格与课程局在《"课程2000"指导书》(guidance for curriculum 2000)中提出了四个高中课程改革的主要目标:(1)使学

生在课程方面有更多的选择机会;(2)将学生的学术课程学习与职业课程学习有机地结合起来;(3)注重发展学生的关键技能;(4)使学生能够参与数量众多、内容丰富的活动。

资料来源:王凯.英国“课程2000”的制定与实施.外国教育研究,2002(9):36-40.

韩国教育部于1997年12月30日发布1997—15告示,确定了第七次基础教育课程大纲,大纲中指出第七次基础教育课程改革的方向和构成方针。

第七次基础教育课程改革的方向是培养主导21世纪世界化、信息化时代的自律的富有创造性的韩国人。

目标:培养富有健全人性和创造性的人。

内容:提高可以适应全球化、信息化的自我主导的能力。

运营:适合于学生能力、个性、发展前途的学习者为中心的教育实践。

制度:地区及学校教育课程编制、运营自律性扩大。

所追求的培养的人的标准:(1)在全面发展的基础上追求个性的人;(2)以基本能力为基础,发挥创造性能力的人;(3)以丰富的教养为基础,开拓前进道路的人;(4)在对韩国文化理解的基础上,创造新的价值的人;(5)以民主市民意识为基础,为共同体发展作出贡献的人。

资料来源:孙启林,杨金成.面向21世纪的韩国基础教育课程改革.外国教育研究,2001(2).

晨会:营造一种开放的课堂气氛

美国佛罗里达州Duval小学三年级班级晨会每天持续30分钟。晨会一般有三种活动方式:分享、游戏与角色扮演、新闻发布会。

(1)分享。每天早上会有2—3个同学与全班同学一起分享一些有趣的故事。分享的内容多是同学们日常生活的切身体验。如有的同学说:“昨天爸爸带我去了博物馆。”“我的小猫昨天被车撞了,但我想她很快就会好起来的。”“我昨天挨了妈妈的批评。”……全班同学作出反应，通过积极的方式表达他们的想法、感情和评论，并可以提出他们感兴趣、关心的问题。

(2)游戏和角色扮演。角色扮演是一种参与性极强的、富有想象力的、生动的活动。学生扮演的角色多是熟悉的童话故事或是各种真实的社会角色。同学们通过自己对各种故事人物或医生、护士、警察、小偷、售货员等社会角色的不同理解，发挥自己的想象力去扮演，进而从所承担的角色的角度和立场去学习、理解和表达。

(3)新闻发布。每天有同学发布几条国际和国内最近发生的时事，使同学们积极关注世界各国所发生的社会问题，包括环境污染、动物权利保护等日常生活中可能遇到的问题。同学们通过各种方式，如阅读报纸、杂志或上网浏览收集整理，并积极参与热烈的讨论。

资料来源：邝培．营造一种开放的课堂气氛：晨会．外国中小学教育，2002(3)．

如何保存冰块

——法国科学教育“动手做”实例

一次，老师向学生提出这样的问题：“如何长时间保存冰块？”学生立即提出种种设想：

——放在比较凉快的走廊里。

——放在阳台上。

——放在阴影里。

——放在冷水桶里。

——放在恒温箱里。

——放在报纸里。

老师又问：“冰块放在哪里化得最快？”

——电炉上。

——阳光下。

——热水中。

——毛衣里。

众说纷纭，老师建议大家动手做实验。经过准备，孩子们开始记录实验结果。

一个把冰块放在冷水里的孩子首先宣布结果:这不可能!

另一个孩子要求再来一次,因为他感到水不够凉,也不流动。老师当然答应了他的请求,可惜结果仍然是冰块很快消失。

而冰块放在羊毛衫中的孩子,在实验开始时便有一些后悔,他觉得自己肯定是最先失去冰块的人。但是一个上午过去了,他的冰块还基本完好!

有的孩子并不服气,他说:“我们实验不公平,我的冰块比他们的小。”也有的孩子说:“教室各处的温度不一样。”

于是实验又重新开始,大家选择相同大小的冰块,放在同一地点,并且同时开始。结果依然不变:放在水中的冰块融化得快,而毛衣中的冰块保存较好。

为了帮助孩子弄清原因,老师又让每个人观察冰块放在一杯热水中的变化。老师向他们解释了对流运动和热量交换的道理,冰块之所以在毛衣中不容易融化,就是因为毛衣阻碍热量交换。这样孩子接触到了绝热的概念。

资料来源:王晓辉.“动手做”——法国科学教育的新举措.全球教育展望,2003(4).

美国的数学课堂实录

上课时,教师首先从学生中请一位志愿者到讲台上,教师给他一个连着一根线的模型飞机,请这位志愿者紧握线的另一端,挥动模型飞机,使飞机在他的头顶上做圆周运动。(学生均对此表现出极大的兴趣)

接着教师提出问题:“这架飞机的速度是多少?”学生纷纷进行猜测:“每小时 30 英里。”“每小时 15 英里。”“每小时 230 英里。”……教师接着问:“为什么单位就是英里/小时?”“我们可以用什么来度量速度?”“每分钟多少转? 每秒多少转呢? 如果我们这样来度量飞机的速度,那么我们如何把这样的单位转换成英里/小时呢?”学生展开讨论……(约 10 分钟)

经过讨论,大多数学生已经明确了所面临的问题是什么,并开始思考怎样解决问题。此时教师将学生分组,给每个小组一个模型飞机和一根与飞机的连线,学生以小组为单位,展开讨论。在这期间教师不停地加入各个小组,向小组提出新的问题:“如果有一只小鸟停在线中间,那么小鸟的速度会怎样?和飞机一样,比飞机快,还是比飞机慢?”学生也向教师提出问题:“手在摆动线的时候并不是静止的,这一定影响飞行的半径,这该怎样处理?”教师要求学生对此问题进行进一步的讨论……(约30分钟)

问题基本在各小组解决后,小组解散重新形成班级。所有的小组都提出了他们的答案,有两个小组向全班说明了他们小组解决问题的方法……(约12分钟)

教师布置作业:要求在作业中描述所解决的问题,总结自己所在小组解决问题的方法,特别要说明自己在小组解决问题过程中所起的作用。

资料来源:张晓贵.对美国八年级一节数学课的分析.外国中小学教育,2001(6).

美国小学科学课——“课堂上的科学故事”

这是一个非常寒冷的早晨,因为在两天前下了一场大雪。低温使一切都变得冰冷,冰雪覆盖了所有的一切。住在本地的威尔森先生一早就起来,准备好以后,就向他任教的小学走去。他看到许多冰棒挂在屋檐上,在初升的阳光照射下放出光辉,很让人喜爱。于是他伸手折断了其中几根较长的冰棒并将其带入他的三年级教室。学生们在厚厚的冬装之外还另加了丝巾、手套和棉帽,陆续来到教室。他们都坐到自己的座位上。完成学校早上例行的事务以后,威尔森先生来到教室窗户外窗台前,在那里他放置了早上拿来的冰棒。他把这些冰棒拿给学生们看。问道:“你们说我是从哪里找到这些东西的?”孩子们大叫着说早上他们到处都看到过这些东西。有的学生注意到曾在树枝上看到倒挂的冰棒;有的曾在屋檐上和遮阳篷上看到过。还有一些学生今天早上似乎没有看到任何冰棒。但使大家都感到兴奋的是威尔森先生已经把这些冰棒带到了课上。他描述了他如何伸出手去到较低的屋檐下慢慢地将其弄下来，试图不让它们断掉。接着，威尔森问道："你们在这些冰棒上到底看到了什么？"学生们的回答各种各样。"它们很长"，"它们是冷的"，"它们是坚硬的"，"它们是尖的"，"当它们化掉时就要开始滴水"，"如果你用它刺人，就可以对人造成伤害"……"现在，让我们趁它还没有化，对它进行我们的探索，"威尔森说道，"你们的问题是什么？从这些冰棒中你们想要发现什么？"一些学生想要知道它化了之后能流多长，其他同学则想要解决下面的问题："如果现在让它化掉，那么它的重量是否会发生变化？""它们化了后，颜色是否会发生变化？""它们化了后我们能否把它们再恢复成现在的样子？""它们的味道怎样？"……

资料来源：高向斌.发生在课堂上的科学故事——美国小学科学课教学模式研究.学科教育，2002(1).

日本将道德教育作为学校教育整体的根本，不仅通过道德教育时间来进行，而且也渗透到各学科、特别活动和综合学习时间的教学或活动之中。在1998年颁布的《小学学习指导要领》第三章第一目标部分，对道德教育课程目标作了如下规定："道德教育的目标是透过学校教育活动整体，培养学生的道德情感、道德判断力、道德实践的意愿与态度等道德性。在道德时间里，根据以上道德教育目标，与各学科、特别活动及综合学习时间保持紧密的联系，对学生进行有计划、发展性的指导，并加以补充、深化、统合其他的道德教育，使儿童加深对道德的价值和人的生活方式的认识，养成道德的实践能力。"

资料来源：周宏芬.日本小学新道德教育课程标准研究.外国教育研究，2003(3).

午餐室成为孩子们的交流场所——东京都浅草小学

浅草小学让不同年级的学生在一个宽敞的午餐室共同进餐，浅草小学的校长岸洋一说："在学校里，不同年龄的孩子之间通常是很少交往的。但在午餐室里，不同年级的孩子们在同一张餐桌上吃饭，平时很少有机会说话的孩子们可以在一起交谈。"同时，他们每年还多次邀请社区的老人来这里和孩子们一起进餐，让孩子们学会与不同年龄的人进行交流，以达到心灵教育的目的。

资料来源：日本风情.日本平凡社，2001(16).

只讲考试成绩 培育不了精英

英国伊顿公学是英国中学中的“牛津”和“剑桥”，500年来，这所中学培育了15位首相、大批重要官员及知名作家，如乔治·奥威尔等。伊顿公学是英国培育精英的重要机构，然而现在它的精英特色居然退色了——其在学校成绩排行榜上跌至第24位。对于此，伊顿公学的一位校友说：“伊顿最重要的是培育未来的领袖人才，领袖人才跟学业成绩尤其是公开考试的成绩是没有什么关系的！”校长刘易斯先生说：“学校花了不少时间训练学生的其他方面能力，包括从激烈的橄榄球训练中让学生经受更多的磨炼与挫折，从而使他们的性格更加坚强。”

资料来源：世界教育信息，2000(7)：28.

20世纪90年代初，新加坡道德教育主要考虑培养学生的品格与道德性，使之成为社会的一名有用成员，分7个主题：培养品格、发挥个人潜能、培养人际关系、肯定家庭生活的意义、促进社区精神、助长文化与宗教欣赏、发扬献身国家建设的精神。

1999年，教育部对道德教育课程作了适当的修订，课程为学生提供必要的知识、技能和正确的态度，使他们一方面有信心面对剧烈的社会竞争，一方面坚守正直的品格，并且履行公民应尽的责任。课程内容大致分为：个性塑造、对学校的归属感、成为社会的一分子、以国家为荣并忠于国家。

http://www.waalearn.com/news/news/2001628232413.htm.

根据英国资格与课程局(QCA)2002年公布的2003年各关键阶段的评价与报告安排相关文件，英国最新的国家评价政策要求学校记录每个孩子的情况：包括学术成绩信息，其他的技能、能力以及学生在校取得的进步等信息。这些记录每年至少更新一次。关于如何给作业打分和记录进步由学校自己决定。关于成绩的记录和保留,学校要本着可管理的原则以及对未来的工作规划有用的原则。关于成绩的报告,学校至少每学年要向家长书面汇报一次学生的成绩。对于那些不处于关键阶段末的孩子的家长报告,内容一般包括:简要评论该生在各学科和研究性活动中的进步情况;总的进步情况;家长与教师讨论报告内容的安排;出勤记录。对于关键阶段末的孩子来说,其家长报告除了上述内容之外,还包括:学生的国家课程评价结果,即说明孩子在要求科目上的教师评价结果和测验结果;简要评论这些结果对于孩子各学科的进步来说所代表的意义,以及与同年级的其他学生相比,孩子的强项和弱项何在;说明该年该校的同年级学生的水平分布情况;说明上一年全国同年级儿童的水平分布情况。给家长的报告一定要用词准确、表达清楚,不能千篇一律,要突显学生的个性;在内容上重点要说明学生学会了什么、没有学会什么,不是陈述教了什么。报告不仅要突出学生的强项以激励学生,还要清楚说明孩子的不足,不要怕伤害孩子而用模糊的语言搪塞。此外,学校还要把教师评价结果(包括每个孩子的教师评价结果以及该校在各要求学科各水平上的教师评价结果分布情况)报告给数据收集中心(即 DCA)。这些结果均要在小范围内公布。

资料来源:陈霞.英国国家课程评价政策框架.全球教育展望,2003(7).

美国的学生评价

美籍华裔学者黄全愈在《高考在美国》中提到儿子矿矿小学三年级的一个成绩报告单:共两页,第一页有 3 个表格,第一个表格是各项考试的成绩及同全国同类学生、全州同类学生相比较的信息。表格的右方是一个图例,从 1%到 100%,每 10 个数 1 个阶梯,孩子的成绩则在相应的区域用黑线标志出来。

矿矿的数学几乎满分,就不去说它了;英语阅读在 142 个题目中答对了 135 个,成绩是 694 分,这个成绩同全国同类学生相比为 98.9%(这个百分比的含义为:你的成绩属于最好的 1.1%群体),与当地同类学生相比是 98.9%,分析结果的标志范围是“高”。右边图表上,在99%的阶梯上画了一条黑线。在阅读的大栏目下，还有词汇学习技巧、词汇量、阅读总评等分类。矿矿的词汇量一般，40题答对了35题，成绩是658分。这个成绩同全国同类学生相比为88.7%，与当地同类学生相比是80.7%，分析评价范围是“中”。右边图表上，在90%的阶梯上画了一条黑线。用不着细看成绩，只要看看右手边的图表，表上的黑线把孩子的长处和短处都标得一清二楚。

下面的两个表格是对孩子学习能力的测试分析。这个测试分得更细，大大小小有30多项，包括孩子对反义词、同义词的掌握；从对词义的掌握、对文章的理解，到阅读时的创造性思维；从对整数、分数的认识，到对各种计算方式的掌握；还有学习方式、听力水平等等，全都作出分析。并在“低于平均水平”，“平均水平”，“高于平均水平”这三项上标出孩子的实际水平。

成绩报告单的最后一部分，还为矿矿写了一个全面的总评。从阅读、数学、语言三方面，对长处和短处一一概括。值得一提的是，成绩报告单强调：“这个成绩只能从一个方面说明孩子在学校的学习情况。在孩子考试时，很可能会有某些不确定的因素影响其成绩。因此，也应该考虑到其他来源的信息。学校应该有关于这个学生的更详细的材料。”

资料来源：http://edu.china.com/zh-cn/schoolyard/new/10000525/20031015/11554878.html.

日本课程改革推进学校特色课程的开发

课程审议会的报告提出，为了促使各学校开展有特色的教育活动，课程基准（学习指导要领）要进一步大纲化（概述，而不细化），其运用要有弹性。课程基准中的提示要在严格精选教育内容、明确基础知识、基本能力上下工夫，可以根据各个学校阶段、各学科的特点，提示几个学年的教育目标和内容，避免对教材作过细的规定。学校对单位课时的确定、课时数的控制，都可以有一个自由度。

资料来源：方明生，沈晓敏. 日本基础教育课程改革的动向及若干分析. 全球教育展望，2001(4).

日本课程改革初、高一贯制教育的课程编制

6年一贯的有计划的、持续的课程的目的，除了基础知识的学习和基本能力的培养外，应引入自然和社会的体验性学习，展开丰富的教育活动。6年一贯课程上的主要措施是，前期（初中阶段）放宽选修课的课时上限，在各学年必修课的一定课时内（每学年70课时），用选修课方式替代；后期（高中阶段）放宽“其他科目”的学分的上限（原为20学分），并且“其他科目”的选定可以由学校独立来决定，最大可以达30学分。

资料来源：方明生，沈晓敏．日本基础教育课程改革的动向及若干分析．全球教育展望，2001(4).

1992年《俄罗斯联邦教育法》规定，地方教育行政当局和学校在设置课程时，既要有统一的符合世界潮流的标准，又要从自己的实际情况出发。联邦公布的课程方案，只是一种基础性、规范性的课程方案，它只体现了国家最基本的教育标准。它不但允许而且要求各地和各校发挥在课程设置方面的自主权。在俄罗斯联邦的基础性课程方案中，课程由不变部分和可变部分这两部分组成。在该方案中，占课时总数75%的俄语、语言和文学、艺术、社会学科、自然学科、数学、体育、工艺学等全国统一的必修课程，其教学内容并非全部是全国统一的。其中的“语言和文学”，内容主要包括本族语、民族文学、文学、外语等，具有很强的地方性。因此，联邦基础性课程的不变部分，所占比重实际上在70%以内；而地方性必修课、学生可以自由选择的选修课、针对学生个别差异开设的个别课或小组课等组成的可变部分，其比重实际上在30%以上。目前，在俄罗斯，各地有各地的课程方案，各校有各校的课程方案，包括联邦、地区、学校三个级别的课程管理制度已经形成。

资料来源：季银泉．当前美国、日本、俄罗斯的初等教育课程改革．比较教育研究，2000(4).

1999 年 9 月 9 日，布伦基特宣布，英国中小学将从 2000 年 9 月起开始实施新的国家课程。新的国家课程与先前相比，调整之处在于：

1. 首次将基本理念作为对国家课程的概述包含在新的国家课程之中。基本理念界定了作为学校课程基础的价值和目的、学校课程的目标，列出了国家课程的四大目的：赋予权利、建立标准、促进连续性和一致性、推动公共理解。

2. 更强调包容性。新的法定条文提出保证包容性的三大原则，要求学校在各种水平的课程设计上都必须遵循：制订合适的学习要求、对学生多样化的学习需求作出反应、克服学生个体或群体在学习和评定方面存在的可能障碍，并根据这三条原则提出了具体的行动要求。

3. 国家课程的科目更灵活、更明确。从总体上说，对学习科目的规定性较少，给学校和教师更多的课程自主权。国家减少了对于课程教学的要求类别，将其合并成单一的教学要求。学科内部、学科之间、学科与其他的改革策略之间具有了更广泛的一致性。同时强调每门学科的理念，并明确了对课程教学中所使用语言的规定以及对各门学科教学中写、说、听、读方面的要求。

资料来源：Changes Across All Subjects.（2000）. http//www. qca. org. uk/changes-to-the-nc.

四、问题与思考

案例一：美国小学母语教学实例

题目：沿着那颗星：用艺术和音乐来表现地下铁路的故事。

教师：电脑教师、艺术教师和课堂教师相互协调来展示这一单元；电脑老师收集所需的资源，教授调查技能，帮助学生鉴别和查找资源材料，并提供指导；课堂教师引入单元，描述技术和相关活动，评价学生的作品；艺术教师在艺术课内为计划和教学的进行留出一定的时间，并为手工艺和评价计划提供材料。电脑教师和课堂教师帮助个别学生作好调查和计划，并评价完成的作品。

一、活动过程

学习之前的活动：

重新定义“地下铁路”这一术语。关键是帮助学生确定并了解“地下铁路”是一个秘密代号，指的是内战前奴隶逃跑。

圣歌：圣歌是内战之前在南方奴隶中间发展起来的，但是这些直到19世纪60年代才被收集编写。圣歌是民间艺术的形式。圣歌有两种含义，它们表达了希望得到精神拯救，同时也表达了希望得到最终的自由。《沿着大熊星座》这首歌告诉逃亡的奴隶沿着夜空中大熊星座所指的方向逃跑，那是通往自由的方向。

二、教学过程

（一）阅读或自愿阅读《沿着大熊星座》的歌词，提示：

1. 讨论此星座的大小和形状。这首歌的背景及其重要作用可以在因特网上找到。

2. 阅读或者听一听《偷跑》这首歌。讨论：你会怎样“偷跑”？这首歌歌词中的“家”是什么含义？这首圣歌有两重含义吗？

3. 4～5名学生组成小组，每个小组选择其中的一首圣歌，确定音乐，并进行演出，可以有乐器伴奏。如果你愿意，可以独创一首圣歌。

（二）让学生观察《Harrit Tubman（黑人领袖）的地下铁路》这幅油画，提示问题：

1. 画上有一个婴儿，你认为Harrit Tubman是怎样使婴儿安静的？画中是什么季节？

2. 描述画中的紧张气氛。

（三）活动

1. 把教室当做车站，要学生设计代号，在火车安全停车时使用。要求学生写一篇文章，假设他们被当做奴隶，他们会怎样逃跑。

2. 让学生设想在农奴时代生活，要他们用口头或者图画的形式来解释他们会努力做什么。

3. 让学生收集信息来表演一个3～5分钟的短剧。这个短剧描述一个奴隶逃跑行程的片断。学生确定短剧是在哪里发生的，并在地图上标出。最后，向全班解释作为奴隶的感觉如何。

4. 让学生讨论如果他们在那个时候是自由的人，那么，他们是否会帮助奴隶逃跑，去寻求自由。

5. 奴隶们不被允许阅读或写作，因此当他们试图逃跑时，他们怎样精确地说明他们的经历。

6. 并不是所有的奴隶都逃向加拿大。如果他们奔向东方、西方或者南方，那么他们最终会在哪里安家。

7. 每个城市中都有一个地方，那里有来自相同国家的移民。比如有些城市有希腊城、中国城、墨西哥城等等。你认为有没有可能这些人跨越肤色的障碍，通过地下铁路逃往东方、西方而不是北方？解释你的答案。

8. 讨论奴隶们在获得自由时的感觉。

9. 组成小组讨论，为什么你认为在有些州让人当奴隶是违法的。

三、作业

1. 回顾所学的知识。

2. 表演和说。

资料来源：吕春丽 . http://www. ywtd. com. cn/gb/teacher/2002-06/19/content. 5244. htm.

思考与讨论

1. 这节课体现了美国课程改革的哪些特点？

2. 你认为这节课教师教学方式的特点是什么？学生学习方式的特点是什么？

3. 怎样在你的课堂教学上运用这种模式？

案例二：感受加拿大的学生评价

在加拿大，笔者发现那里孩子的学习生活是快乐的。追本溯源，学校对学生的学习评价功不可没。

1. 激励性的批语。

童童刚到加拿大的时候上四年级，对他来说，最大的障碍是语言问题。虽然以前也学过一些英语，但是远远不够。一个星期两三节数学课，许多时候他连题目都看不懂，觉得压力很大。虽然学习较吃力，但童童却像其他孩子一样，总有一种愉快的感觉。

加拿大没有课外作业，作业都是在课堂上进行评价。在解答问题有困难时可以同周围同学讨论。老师会在学生的作业纸上写一些评语，如果一个孩子有好多题空着不会做，老师就会在他所有答出来的题的旁边都批上“good”，有的还画一个笑脸，借此表扬、鼓励学生。而在那些没有给出解答的题目旁并不作标记，只是在作业纸的右上方给出一个分数，如 6/10，表示总共 10 道题你答出了 6 道题，不给具体的成绩。

一次加减法的单元测验，进行讲评时，老师在发卷前非常风趣地问：“大家猜一猜，这次测验咱们班里谁的成绩最好呀？”很多孩子都指着平时学习最好的学生，也有一个孩子猜是 Lee（童童的英文名字），其他的孩子纷纷说：“不对不对，不会是他，他看不懂英文的。”童童也不好意思说，大家等待老师说结果。老师先表扬大家都敢于发表自己的意见，然后说：“嘿！是 Lee！”孩子们愣住了，随后，大家都哗哗地为童童鼓掌。童童跑回家的第一件事就是有声有色地讲述在课堂上发生的事。这件事对童童的影响非常大。

2. 别开生面的家长会。

在加拿大，家长会的会场布置得非常漂亮，每个家庭中爸爸、妈妈、孩子三个人为一组。在课桌上放一些成长袋，不管孩子的成绩如何，都可以把自己认为做得最好的作业布置在教室里。家长到了以后，先与孩子的班主任交谈，班主任会把你的孩子在这学期中好的地方以及需要改进的地方谈得非常具体，主要以表扬为主。然后，家长可以到孩子的座位参观。笔者随便走到一张课桌前翻看成长袋，里面第一篇是孩子画的一幅画，画旁写着：“欢迎爸爸妈妈参加家长会，你们特别要看看我做的数学作业。”

正式开始时，第一个议程是请孩子去教室内“图书角”为爸爸妈妈选一本书，然后朗读其中的一段或一篇文章，再给爸爸妈妈讲讲是什么意思。第二个议程是走到“数学角”，有一碗黄豆，请孩子对这碗黄豆的数量作出估算。孩子们的方法五花八门，有的用勺子，1 勺 10 粒，10 勺 100 粒；有的把黄豆倒出来铺平，把它分成 6 等份，看看 1 份是多少，再算 6 份有多少；有的用天平称一称，看一共有多少克，然后称 1 克有多少粒，算出总共有多少粒。第三个议程是健康课汇报（健康课是加拿大小学开设的一门课程),爸爸妈妈和孩子一起做游戏。先由爸爸妈妈商量出一种蔬菜,比方说白菜,先不让孩子知道。孩子可以提问题,如"是白颜色的吗"等,爸爸妈妈只能说"是"或者"不是",看看孩子提出多少问题能猜出正确的答案,提的问题越少越好。这个游戏既有趣,又隐藏了许多解决问题的策略,还能让孩子学习很多知识。第四个议程是外语汇报,先让孩子教爸爸妈妈说一些简单的法语(法语是加拿大学校开设的外语课),如"这是什么"、"你是谁"等,然后爸爸妈妈再用法语问孩子这些问题,由孩子回答。这一系列活动把孩子推到了一个主体的地位,让孩子充分展示自己的才能,充分展现自己在一个学期中的进步与收获。最后一个环节是家长与老师的沟通,针对一些问题,家长可以提一些意见,如"你看到自己的孩子在这一学期有什么变化","你看了孩子的成长袋、最满意的作业之后有什么想法","你觉得在下学期应该如何安排学习计划"等。最后共同完成下学期的学习计划。这样的家长会孩子自我反思、总结过去、计划未来,真正起到了一个加油站的作用。

3. 内容丰富的成绩册。

加拿大小学评定成绩是根据课堂表现、平时练习、历次测验来综合进行的,非常有针对性,反映了每一个孩子的个性。小学的成绩册内容丰富,每个人都是厚厚的一本,老师要在成绩册中填写很多东西。成绩册的最前面是权利和义务,如"我有受教育的权利","我有被人尊重的权利","我有尊重别人的义务"等。紧接着是成长记录,里面记录了对于孩子们成长的一些鼓励性评语。下面是老师对童童的评语:"Lee 刚来到我们班,他能很快地融入到我们的班集体当中。他很尊重别人,也很自尊,他的工作很有秩序,能克服困难,非常自信。我为 Lee 能在我们班感到自豪! Lee,希望你继续努力!"对于每门功课,成绩册都有描述性的评价语言,定性和定量相结合。如数学:"本学期,我们学习了收集、整理、表达数据,认识万以内的数,用不同方式表达分数和小数。Lee 能收集数据,但不能用语言文字表达,他刚来,已经尽了最大努力。Lee 会求平均值,认识了多位数,了解了统计图的结构,但有语言障碍,表达这些数据有困难。Lee 有很好的数的概念,能掌握估算的方法。在加减法单元测验中他得了全班最好成绩。继续努力，Lee。”

资料来源：胡光锑．http://www.ywtd.com.cn/gb/teacher/2003-04/10/content.9815.htm.

思考与讨论

1. 加拿大的学生评价为何能让学生的学习生活快乐？

2. 加拿大的学生评价与我国相比有哪些异同？

3. 你认为激励性的评语应该如何使用？

4. 加拿大的家长会方式与我国明显不同，你认为哪个更好，为什么？

5. 结合加拿大小学成绩册的评价方式，思考在教学实践中如何对学生进行发展性评价。

小结

本部分内容主要概述了国外当代基础教育课程改革的现状。我们必须看到，世纪之交，基础教育课程改革在世界范围内受到前所未有的重视。近年来，世界上许多国家特别是一些发达国家，无论是反思本国的教育弊端，还是对教育发展提出新的目标和要求，往往都从基础教育课程改革入手，通过改革基础教育课程，调整人才培养目标和要求，改变人才培养模式，提高人才培养质量。这些国家都把基础教育课程改革作为增强国力、积蓄未来国际竞争实力的战略措施加以推行。由于处于同一时代的世界各国教育或者学校课程会面临相同的问题，所以尽管各国政治、经济、社会等各个方面发展具有很大差异，但各国目前在课程形成的历史及其价值取向等方面都有非常相似的特点，很多方面表现出共同趋势。了解和研究它们，有助于我们更好地从宏观上把握国际课程改革的理念，与世界发展同步。

第2部分
课程功能

学习目标

1. 了解课程功能转变的真正含义。
2. 把握课程功能的整体性。理解课程三维目标之间的关系。
3. 理解学会学习与学会做人的内涵。

方向导引

改变课程过于注重知识的传授的倾向，强调形成积极主动的学习态度，使获得基础知识与基本技能的过程同时成为学会学习和形成正确价值观的过程。

——教育部文件：教基[2001]17号《基础教育课程改革纲要(试行)》

一、观点与原理

(一)强调课程功能三维目标的共同实现

人从自然人到社会人的过程即人发展的过程。人的发展应该是和谐的、全面的。马克思的全面发展的理论告诉我们，人的全面发展就是人的内在本质的全面的、充分的发挥。人需要有健全的身体，这是人在自然世界生存下来的前提条件；人需要有会思考的头脑，这是人推动社会快速发展的原动力；人也需要有内在的精神，这是人前进中的指航灯。教育的目的就是要促进人的全面的、和谐的发展。

我国原来的基础教育体制也强调培养德、智、体、美、劳全面发展的人，但由于受应试教育的影响，分数成为衡量教育质量的重要指标，学生整日苦战于题海战术之中而不能自拔，热衷于书本知识，学生为考试而学、教师为考试而教，教育的指针已明显地倾向于对知识的灌输而忽视了学生在其他方面的发展，培养出的学生或许在考试中取得了很高的分数，但是不一定有很强的解决问题的能力和健全的人格，这种高分低能者的出现正是课程功能失调的结果。

新的课程功能注重整体性，强调形成积极主动的学习态度，使获得基础知识与基本技能的过程同时成为学会学习和形成正确价值观的过程。即学生在学习的过程中要习得基本的知识和技能，在学习的过程中学会思考，不但要知其果，还要知其因，要学会学习，具有终身可持续发展的能力，同时在学习生活中受到情感熏陶，形成正确的价值观和伦理道德观，学会做人，学会合作。三者没有主次之分，也没有先后次序。基础知识和基本技能对儿童的发展起着奠基的作用，是儿童发展的基础。牢固的基础知识是儿童前进的台阶，能够保证儿童学习的渐进性和稳定性；基本技能的掌握是儿童生存、发展的必备条件，是其他技能形成的基础。换言之，基础知识的掌握和基本技能的形成是基础学力的核心，是儿童适应社会、开展终身学习、促进自身的完善和发展的前提条件。但仅仅学习知识是不够的，当今社会，知识的淘汰率很高，现代人必须要有终身学习的能力。因此，作为学生在学会知识的同时也要学会学习，学会运用、活化知识。新课程强调更多地关注学生学习的过程，在学习的过程中实现学生的发展。学生在学习的过程中应该是积极主动的参与者，在主动参与的过程中，学习知识，探究方法，受到熏陶。学生掌握知识的过程，实质上是一种探究的过程、选择的过程、创造的过程。探求新知的经历和获得新知的体验，也许有时一无所获，但却是儿童学习、成长、发展、创造所必须经历的过程，这个过程对培养学生的创新精神和实践能力有着不可估量的作用。此外，学习是人获得知识、提高能力的过程，同时也应该是完善人格的过程，在学习的过程中要体会知识本身所蕴涵的情感体验，在主动参与学习活动的过程中形成正确的情感态度与价值观，具有社会责任感。

（二）学会学习，提高人的可持续发展的能力

所谓学会学习，就是培养独立自主地获取知识的能力。就是掌握一套良好的学习方法，采取有效的手段和途径，高效率地获取更多的知识。学会学习在未来世界中的重要性是显而易见的。当今世界的科学技术迅猛发展，人类的科学知识正以前所未有的速度剧增。据粗略统计，19 世纪是每 50 年增加一倍，20 世纪中叶是每 10 年增加一倍，当前则 3 年至 5 年增加一倍。知识的更新速度之快，终身学习成了人们的必然选择，怎样有效地学习——学会学习，成了人们的内在要求。因此，我们一方面要学习基础知识和基本技能，同时也要在学习的过程中习得学习的方法。

我国原来的课程也强调双基，即基本知识和基本技能的掌握。但基础的含义很窄，通常仅仅是指学习高一层次知识所必备的基础，在片面追求升学率的思潮影响下，基础更加仅仅是指解题、对付考试所必备的基础；基本技能也仅仅是指解题、对付考试的基本技能。而这种基础知识的掌握并不能真正促进学生的终身发展。此外，学校课程过分强调对结论性知识的传授，学校教育的中心任务是传授系统的学科知识，因而，学科知识几乎成为“课程”的代名词。对于学校里的学生而言，他们的任务就是接受、存储前人的知识。在这种知识观的指导下，学校教育必然会出现书本中心、教师中心、死记硬背的现象，学校只重视学习的结果，不重视学生学习的过程，学生只能更多地识记知识，更少地思考知识；更多地记住学习的结论，更少地思考学习的过程；更多地从书本到书本，更少地把书本知识带到社会中去运用。学生的大脑中充斥着结论、数据，却缺少得出结论和数据的过程，这就导致学生虽然学了大量的知识，但却缺乏在实际生活中运用所学知识解决问题的能力。

新课程关注学生在学习基础知识和基本技能的过程中学会学习。

新课程所强调的双基不仅仅包含升学所需的基础知识和基本技能，还可以包含就业所需的基础知识和基本技能，它不仅仅包含攀登科学技术高峰所需的基础知识和基本技能，还可以包含做人、做一个高素质的现代人所需的基础知识和基本技能。换言之，我们应赋予“双基”以新的时代意义，应从培养学生终身学习的能力入手，确定基本知识和基本技能的内涵。同时，新课程强调学习知识不是课程唯一的功能，学生在学习知识的过程的同时要学会思考知识背后的方法，增加对知识的活用能力。1996年，国际21世纪教育委员会的报告《教育——财富蕴藏其中》指出：“教育的任务是毫无例外使所有人的创造能力和创造潜力都能结出丰硕的果实……这一目标比其他所有的目标更重要……学校应进一步赋予学生学习的兴趣和乐趣，学会学习的能力以及对知识的好奇。”社会的快速发展，科技时代的到来，人类在学会积累知识的同时，更重要的是要学会变通知识，创新知识，只有这样才能适应社会发展的高速度。知识的积累不等于知识的创新，现代人必须具备终身学习和持续发展的能力。因此，学校教育必须“授之以渔”而不是“授之以鱼”，在使学生获得基础知识与基本技能的同时，也要培养学生学会思考，能够不断地反思自己的学习过程和学习结果；培养学生学会学习，能够运用各种学习策略来提高自己的学习水平和学习效果；学会合作，要承担自己的学习责任，同时能够与他人合作，共同完成任务。同时也要强调，新课程强调过程性和方法性知识的获得，同时强调方法的获得不能游离于知识学习过程之外，要使学生在积极主动参与学习活动的过程中，掌握基础知识和基本技能，同时了解知识和技能形成的过程和方法，增强问题解决的能力，二者应是同时进行的。

(三)学会做人，培养学生的健全人格和社会责任感

教育从来就不是价值中立的，教育与道德、文化、价值观有着密切的关系，教育必须反映国家政策所推崇的道德、价值和文化。教育内容即课程，一方面保存和传承社会文化和价值观，另一方面也适应并发展社会文化和价值观。因此，教育要注重塑造儿童正确的价值观和道德观，重视道德教育，使儿童能够学会关爱、理解和尊重，能够明辨是非，作一个对社会有益的合格公民。

我国原来的教育将传授知识与培养学生的道德情感相分离，这样一方面导致教学主要着重于讲授本学科的系统知识，传授给学生完整的、系统的知识体系，而忽视了在课程内容中所蕴涵的道德、情感，忽视学生在学习过程中的情感体验；另一方面，正是因为学校没有意识到在学科教学中培养学生正确的情感、态度和价值观的重要性，进而导致德育课程的孤立无援。

教育要改变过去只注重学生学业成绩的倾向而关注学生的全面发展。1996年，国际21世纪教育委员会的报告《教育——财富蕴藏其中》指出："教育应当促进每一个人的全面发展，即身心、智力、敏感性、审美意识、个人责任感、精神价值等方面的发展。应该使每个人尤其借助于青年时代所受的教育，能够形成一种独立自主的、富有批判精神的思想意识，以及培养自己的判断能力，以便由他自己确定在人生的各种不同的情况下他认为应该做的事情……发展的目的在于使人日臻完善；使他的性格丰富多彩，表达方式复杂多样；使他作为一个人，作为一个家庭和社会的成员，作为一个公民和生产者、技术发明者和有创造性的理想家来承担各种不同的责任。"教育要将知识与情感融于一体，使学生在学习知识的过程中，体验到学习中蕴涵的情感，在学习中逐渐形成正确的价值观和伦理观。价值观和伦理观在学生的发展中发挥着非常重要的作用，它指导着学生的发展方向，正确的价值观和伦理观能够指引学生更好地认识自我、认识社会，增强对社会发展的适应性，而不正确的价值观和伦理观往往会导致学生的心理畸形，影响学生的健康发展，学的知识越多，可能对社会的危害性就越大。因此，新课程重视学生正确的价值观和伦理观的形成，使学生能够学会对自己的行为负责，具有诚实、公正的品格，做一个有责任感的公民；能够学会相互尊重、相互理解，并对全球社会问题、环境问题等表现出一定的理解和责任感。

正确的价值观和伦理观的形成不能仅仅依靠教师的道德说教，灌输和强化并不能对儿童产生积极的影响，我国以往的道德教育多是以政治课和思想品德课的形式通过说教来实现的，这种方式虽然能够更直接地进行道德教育，但是不一定能够真正地内化为学生自身的道德观和价值观，学生道德观和价值观的成功塑造一方面要依靠教师在教学中的引导与启发，另一方面也要使学生在参与活动的过程中得到情感体验，两种方式相结合更容易使学生真正形成正确的道德观和价值观。

二、典型案例分析

(一)典型案例:没有画画的美术课

没有画画的美术课

1. 了解学生需要什么。

师:“阳光有什么颜色?”

生:“有红色、橘红色、金红色……”

师:“太阳光照在大地上，给我们什么感觉?”

生:“温暖的，炎热的……”“刺眼的，明亮的……”

“老师，‘光’是什么呢?”一个学生突然问。

出人意料的问题，打乱了正常的课堂步骤。

……我说:“光是能让我们看清世界的东西。如果没有光，我们就看不到任何景象，我们的周围会是漆黑一片。从古至今，社会上流传着许多关于太阳的故事。像《金太阳》、《太阳山》……”

正当我准备用神话故事来激发学生学习兴趣的时候，忽然发现，刚才提问的那个学生还低着头，像是在思考着什么。很显然，他的兴趣并不在这些故事上。

“郭宇，你在想什么?是不是有好听的太阳故事要讲给我们听啊?”

他低头不语。

我从讲台来到他的旁边，才发现他在用手做捕捉的动作。他把握紧的小手举到眼前，眼光探寻到拇指缝隙间。过了一会儿，放开手，遗憾地说:“我看到了，也感觉到了，可就是捉不到它。”

“你说的是什么?”我俯下身轻声问。

“光啊。我想捉住它，看看它的颜色，可是什么也没有。”

这时我才注意到，有一缕阳光悄悄溜进教室，照在了他的肩上，照在了他的腿上。他对这缕阳光产生了好奇，难怪会有这样痴迷的举动。

2. 保护学生的求知欲。

“…… 郭宇有了困难我们该不该帮助他？”我环视一下全班。

“该！”

“我们一起帮他捕捉光好吗？”

“好啊！”

稍稍停顿了一下，我又接着说：“老师要回办公室去取一些做实验用的东西，在老师离开的这段时间里，同学们要思考一个问题：怎样才能捕捉到光？我们比一比看谁的方法最好。”

3. 培养学生的探究能力。

我迅速取回了一些实验用品（火柴、蜡烛、三棱镜、玻璃纸、白卡纸等）。回到教室的时候我几乎惊呆了。学生一群一伙地拥在窗台底下，并且争论着什么，原来他们都伸着手，一次又一次地用力捕捉那缕阳光。

我没有打扰他们，而是站在这群可爱的孩子背后，静静地观察着他们的“研究”。有的学生一只小手紧握着，让阳光从手指缝隙中钻入手心，再用另一只小手的手掌当盖子盖到上面，像猪笼草捕虫子那样一张一合着。只有郭宇蹲在那里，默不作声。我走近他，轻轻地拍了一下他的肩膀，轻声对他说：“想到了什么，能说说吗？”他噘起小嘴嘟囔着：“好多方法我都试过了，没一个能行。”不过我发现虽然我没有抓住阳光，但是能对它进行堵截。不信，您看。他伸出小手，让阳光照在他的手上，然后指着地上的影子说：“这就是证据。”我被他的“结论”逗笑了，立刻竖起大拇指对他说：“你真聪明，努力下去你会成功的。”

我转身对全班同学说：“郭宇有了新发现，我们一起来看看吧！”我示意大家都回到自己的座位上，并把郭宇叫到窗前将他的发现又重复了一遍。为了让同学们都明白郭宇的新发现，我用实验加以证明：点燃蜡烛，再用一张卡纸和一张玻璃纸对光进行了堵截。大家发现，只有不透明的东西才能对光进行堵截。我又用多张卡纸从不同方向堵截光,很快学生得出了"捉光"的办法。有个学生的回答最简单:把蜡烛装到不透明的盒子里。也许这些方法行不通,但是学生的思维在纵向上有了更深的发展。换句话说,他们的探究能力得到了培养。

接着,我们又用三棱镜做了试验:在卡纸上剪个孔,放在阳光下,让阳光从孔内穿过照到三棱镜上,再由它将光折射出去。当雪白的墙上出现了红、橙、黄、绿、蓝、靛、紫七种有色光时,同学们惊呼了起来:"看啊!教室里的彩虹。"几个淘气的男生率先跑到了讲台上,踮起脚尖,伸直胳膊使劲去摸"彩虹"。看着他们可爱的举动,我笑了。

4. 探究的收获。

下课时,我给学生布置了一道家庭作业题:用自己熟悉的或者喜欢的方式完成一幅表现"光"的作品。

第二天一大早,便有几名学生交来了他们的家庭作业,画得不是很好,但非常有趣。

有一幅作品表现的是骑着光去旅行。有一幅是在彩虹上荡秋千。还有一幅是把一个大大的太阳分成了七种色块,每种色块里都坐着一个小朋友,我有些不解,便问这个小作者,画面表现的是什么意思。她解释说:"太阳妈妈有七个孩子,分别掌管七种颜色的光。妈妈走到哪里,他们就跟到哪里,把世界照得非常美丽。"

现在我们再看看郭宇的作品。他是个好思考的孩子,他交来的作业也与众不同。整张纸上除了黑色以外,再也没有别的颜色了。

我好奇地问:"你画的光呢?"

"我画的是没有光。我把毛巾蒙在眼睛上了,什么也看不见,和盲人一样。"

我又追问:"那是一种什么感觉?"

"是害怕的感觉,我怕我真的瞎了,没人能帮助我。"

一个很好的德育机会闪现在我面前,我紧抓住不放,说:"为了不再有这种感觉,我们该做些什么呢?"

"保护好我们的眼睛。"他说。我接着提示道:"还要帮助……"

"帮助盲人!"他有些兴奋了,抢着回答。

"还有呢?"我又追问。他思考了一会儿,睁着大大的眼睛看着我,非常认真地说:"还有就是让光更明亮一些,颜色更多一些……"

我为他的回答感到高兴，从红花盒中取出一朵红花贴在了他的作业上。他高兴地笑了。

在回办公室的路上，我感到无比的轻松和愉悦。这堂美术课上，同学们没画一笔，但我并没有因此而失去我的课堂，失去我的学生。我为我的大胆行为而高兴。这样的美术课，也许培养不出画家，但是我相信，学生学会了思考，因此保留甚至激发起了他们更大的好奇心。对于小学生来说，还有什么比这更重要的呢？

资料来源：李晓敬.没有画画的美术课.人民教育，2002(7).

（二）案例分析

这节课从学生对光的好奇出发，改变了传统美术课的上法，学生通过自己的探究，对光有了更深入的了解，学到了比画光更重要的知识。学生在学习、了解光的过程中，总结探究的方法，提高了学生的探究能力。教师能够抓住时机，对学生进行情感教育，启发学生有所感悟。因此，这节课比较成功地体现了课程的三维目标，具体表现在以下几个方面：

1. 学生学到了比画光更多、更有价值的东西。这节课虽然是美术课，却没有学习画画，从某个角度说，没有完成学习任务。但在这节课中，学生通过自己的实验，了解了“光是什么”，找到了堵截光的方法，学生在学习中自己发现问题，又饶有兴趣地解决问题，每个人对光都有了自己的认识，这对于学生的发展来说，无疑比学习画光更有价值。而且从学生的作品中可以看出，正是因为有了前面学生实验、探究的过程，学生笔下的光才会如此丰富，如此深刻。从这个角度说，这也是一节很成功的美术课。

2. 培养了学生的探究能力。在这节课上，学生的探究能力得到了培养。学生通过各种方法努力“捕捉”阳光，又在实验中了解到光的透明性，学会了“捉光”，进而又通过光的折射，看到了光的七彩色，由此可以看出，学生在发现问题和尝试解决问题的过程中，总结了许多经验，学到了许多方法，也提高了实践能力。

3. 学生的情感受到熏陶。从学生交的光的作品中可以看出，学生笔下的光是不一样的，他们对光的感受是不同的，有的学生惊讶于光的丰富,有的学生意识到光的重要,有的学生想到了无法享受到光的盲人,学生在探究光的过程中,在感悟光的同时也在迸发着思想的火花。教师也抓住了教育的机会,通过学生的作品,引导学生要有爱心,学会关爱。因此,这节课学生既学习了知识,又受到了情感熏陶。

4. 教师尊重了课堂中的偶发事件。课中引发的对光的探讨源于郭宇的一个走神,“光是什么”虽然是教师在备课时所没有想到的一个问题,但这位教师尊重了课堂中偶发事件的发生,也正因为如此,才使得这节课有如此大的收获。

此外,这节课也存在不足之处:教师在与学生做关于“光”的研究时,只是观察现象,却没有作具体的解释,教师应该在观察的基础上,解释现象背后的原因,让学生对光有更加深入的了解。

三、思想资源库

一项“关于校长、教师认为学生身上体现得较好的目标”的调查

教育部基础教育司 1997 年 5 月在九个省、市对城乡 16000 多名学生、2000 多名校长和教师、部分社会知名人士进行了调查,调查结果显示:校长、教师认为学生身上体现得较好的目标如下:

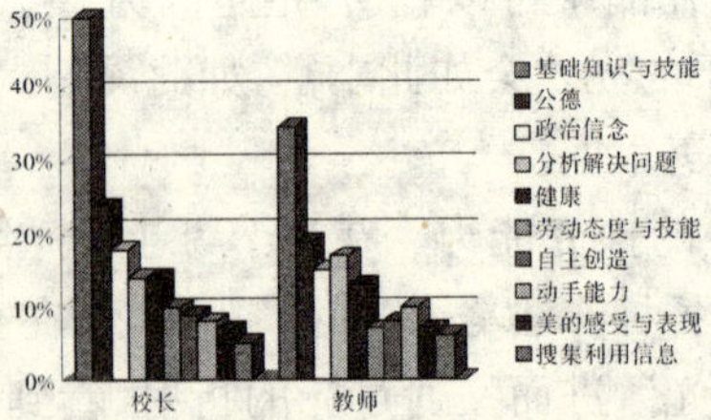

从上图可以看出:第一,在涉及德、智、体、美、劳诸方面的选项目标中,“基础知识与技能”是校长与教师认为在学生身上体现得最好的目标,选择该项的人数分别达到 50%和 35%。相比之下,认为学生

"公德"与"政治信念"较好的人数只有20%左右。至于"健康"、"劳动态度与技能"、"美的感受与表现"，认为在学生身上体现较好的人数仅约10%。第二，与选择"基础知识与技能"的高百分比形成鲜明对照，那些体现主动获取知识、学会学习的能力与态度的目标却很少被校长与教师选中。如搜集利用信息的能力、运用知识解决分析问题的能力、动手能力、自主与创造精神等被认为在学生身上体现较好的人数百分比仅为5%—15%之间。调查中对"你认为在学生身上体现较差"的目标的回答更清楚地反映了这一问题。

资料来源：朱慕菊. 贯彻落实《国务院关于基础教育改革与发展的决定》 大力推进基础教育课程改革，2003-3-26.

一项"关于教师之间经常谈论的教学话题"的调查

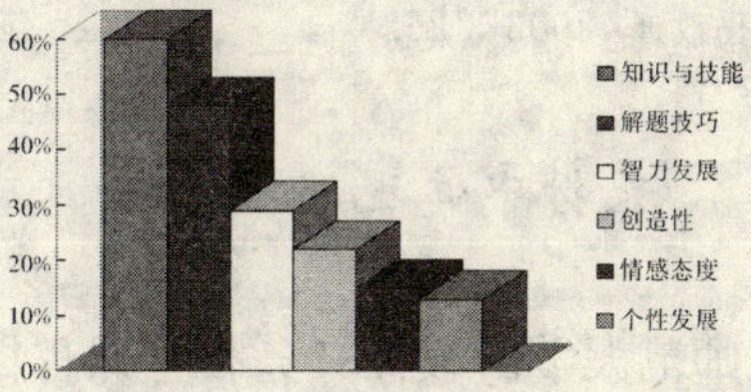

从上表可以看出，传统的课程功能过分关注知识和技能，忽视学习、探究的过程和方法，对学生情感态度与价值观的养成关注不够。

资料来源：甘露. 从教学大纲到课程标准看课程功能的转变. 教育导刊，2003(Z1).

校长和教师认为教材中体现得较好的目标

在一项对全国9个省市城镇和农村的16000名学生，2000名校长、教师和全国政协、教科文卫委大部分委员，对1993年的九年义务教育课程实施状态进行了问卷、访谈调查中，校长和教师认为教材中体现得较好的目标如下表所示：

教材中体现得较好的目标	校长(%)	教师(%)
基础知识与技能	74	62
分析解决问题的能力	46	33
政治信念	19	17
动手能力	17	12
公德	15	11
美的感受与表现	3	8
劳动态度与技能	3	3
自主创造	3	4
搜集利用信息	2	4
健康	1	3

资料来源:朱慕菊.贯彻落实《国务院关于基础教育改革与发展的决定》大力推进基础教育课程改革,2003-3-26.

教材中体现课程目标

《购物》是北京师范大学出版社义务教育课程标准实验教科书一年级数学教材的一个单元,安排了买文具、买衣服、去商店、应找回多少钱等内容,还有一个"小小百货店"的游戏活动和一个"我们来当家"的社会实践活动。这一教学板块的设置,力图通过揭示数学与社会生活的联系,与学生个体独特的经验沟通,以增进学生对数学的理解和应用数学的信心,学会运用数学的思维方式去观察、分析现实社会。反映了教材编写者为适应未来社会生活和进一步发展,"人人学有价值的数学"的设计思想。

根据知识与技能、过程与方法、情感态度和价值观三个维度设计课程目标,加强和更新课程基础,重视综合素质和创新实践能力的培养。看到"丰富的图形世界"、"数怎么不够用了"、"A能表示什么"、"生活中的数据"、"你今年几岁了"这些标题,很难使人将其与以严谨著称的数学教材联系起来,而它却恰恰是北京师范大学出版社新编数学教材的主题。“破解彩陶之谜”、“了解身边的‘历史’”、“寻访丝绸之路”、“成语历史故事竞赛”，是人民教育出版社新编历史教材设计的学习与探究课专题。对于这一新课程形态，教师教学和学生学习的反馈情况，满意率几乎是100%，尽管操作实践这些课时困难较大，但学生喜欢上，教师们也乐在其中。

资料来源：严伯霓.从教材开始，从中小学打底.中国教育报，2002-10-24.

学习知识和技能的目的是促进学生全面发展

很多从事教育工作的人都有一颗良苦用心，认为学生掌握的知识和技能越多越好，至少是多比少好，恨不得把自己知道的和不知道的都灌给学生。事实上这既不可能，也无必要。

据美国心理学家研究，人的大脑有四个功能区，即感受区、贮存区、判断区、想象区。贮存记忆仅是大脑功能的一部分。贮存记忆是想象创造的基础；贮存记忆是为了想象创造；想象创造必须贮存记忆；没有想象创造的贮存记忆是没有价值的。

爱因斯坦说：“想象力比知识更重要，因为知识是有限的，而想象力概括着世界上的一切，推动着进步，并且是知识进步的源泉。”

日本学者川上正当也认为：“知识，百科全书可以替代，可是，考虑出的新思想、新方案，却是任何东西也替代不了的。”

学生知识和技能的学习，只是教育的过程，而不是教育的目的，目的应当是促进学生的发展。从教育教学的目标上讲，其重点就是要通过学生知识和技能的学习，学会学习，形成正确的价值观，培养学生初步的创新精神和实践能力，提高学生的科学和人文素养。

资料来源：周小山.教师教学究竟靠什么——谈新课程的教学观.北京：北京大学出版社，2002：125.

一堂艺术课——图画里的声音

“教室”设在校园大榕树下，几十个孩子围成一圈，席地而坐。开始上课了，老师对孩子们说：“今天我们一起来学习《图画里的声音》。”

图画里也有声音？孩子们瞪大了眼睛。老师首先让大家观察徐悲鸿的《风雨鸡鸣》，然后问孩子们："这幅画中有什么景物？""想象它会发出什么声音？""谁能模仿这种声音？"孩子们迫不及待地"喔喔喔——"叫起来，在孩子们兴趣盎然之中，老师向孩子们介绍了这幅图的创作背景，使大家感悟到了图画里的声音，同时也欣赏到了"雄鸡报晓"的墨彩画韵。之后，老师把学生分成一个个小组，组织他们进行拔河和踢球游戏，巧妙地创设了运动场景的声音，让学生在具体的运动中体验"加油"的声音。在学生获得了直接经验的基础上，老师引导学生想象课本中的图画《拔河》、《踢球》里可能发出的声音。最后，老师让学生利用各种口型和表情，创设一幅幅活的生活画面，再让其他同学观察、联想、想象画外之音，课堂又一次动起来。

由此我们不难看出，学生的学习不再是教师"满堂灌"下的机械重复、简单记忆，而是亲身经历发现、体验、探究的过程。整个教学过程，学生有情感的投入，有内在动力的支持，积极运用各种学习策略，在解决问题中学到了知识。

资料来源：李建平．课堂活起来了，学生动起来了．中国教育报，2002-7-4.

游进课堂的鱼——一节别开生面的生物课

上课铃响过，一位年轻的男老师大步走进了教室，手里端着一个盛有数尾鲫鱼的玻璃容器。上课的学生顿时来了精神，有的指手画脚，有的窃窃私语，有的探身观望……

为了让学生观察得更清楚，这位男老师把盛有数尾鲫鱼的玻璃容器放在了实物投影仪上。这下可好了，屏幕上清楚地显示出玻璃容器里鲫鱼们的情态。

"老师，那条鲫鱼的尾巴怎么没有啦？"

"左边那条鲫鱼怎么还蒙着眼睛？"

……

细心的学生接二连三地提出了若干问题，而那位老师只是饶有兴趣地观察着学生们，没有一点要回答的迹象。

等学生们观察得差不多了，这位老师就示意大家静下来。他说：

“刚才同学们观察得很仔细，在这个玻璃容器里，有四位特殊的鲫鱼‘伤员’——一只没有了左鳍，一只没有了右鳍，一只没有了后尾，一只用胶布蒙住了眼睛。下面，请同学们继续观察它们的活动情况。”

渐渐地，每一位学生的思维进入了活跃状态，一个接一个的问题开始竞相提出：剪去尾巴的鱼为什么游不快了，没有鳍的鱼为什么身体失去了平衡……老师只是笑着示意学生读课文，当学生如饥似渴地读完课文以后，这些问题都迎刃而解了。

老师又乘机继续引导。学生在思考、交流下，很快又提出了新的问题——

“人没有了一只胳膊或一条腿，照样可以生存下去，鱼的运动器官残缺了，还能不能生存下去？”

“研究鲫鱼的运动器官，对我们人类有什么用处？”

“研究鱼的外部形态，与保护生态环境有什么关系？”

……

随着一个个问题的提出，课堂上气氛活跃、高潮迭起。

资料来源：郭秀娟. 游进课堂的鱼——一节别开生面的生物课. 中国教师报，2003-7-4.

一堂语文课

小学一年级第一堂语文课，老师提出一个孩子们普遍感兴趣的问题：“我们是怎样从妈妈的肚子里生出来的呢？”孩子们七嘴八舌议论纷纷。到底是怎样生出来的呢？老师说：“从今天起我们一起来做一个试验。”老师把事先准备的一对老鼠请进教室。于是从这一天起，语文课就变成了老师和学生们养老鼠、观察老鼠生育过程的活动。同时，在这样一个特定的语言环境中，引出了一系列词汇。过了一个月左右，小老鼠生出来了，孩子们也掌握了不少单词。第二个月，老师又提出一个问题：“鱼是怎么生出来的？”于是老师和孩子们又养了一对鱼。第三个月，老师又问孩子们：“校园里面的树有没有妈妈？”于是，老师带着孩子在校园里开垦一块土地，种下树种……

老师没有用语文教材，而是用生动、真实的活动为孩子创设了特定的语言环境，让孩子在特定的语言环境中掌握语文知识。同时，语文课中又整合了大量科技的、情感的、方法的教育内容。

资料来源：周小山.教师教学究竟靠什么——谈新课程的教学观.北京：北京大学出版社，2002：133.

生活中的声音——一年级艺术课

“生活中的声音”是一年级艺术课《奇妙的声音》中的一个教学主题，下面是一位老师的教学设计：

一、听听、做做。

1.教师用力关门后小声地跟学生问好，并请学生说一说听到了什么，然后加以描述。

2.播放5段大自然中的声音：海浪、瀑布、狂风、雷电、小雨。然后问：你最熟悉的是哪一种声音？你能说说在这种情境中发生的故事吗？

3.给学生播放所录制的声音，如切菜的声音、翻书的声音等，让学生辨别、讨论并举例。

4.教师出示一个瓷碗，问：怎样让它发音？它的声音是什么样的？你还能用其他方法让它发出别的声音吗？教师与学生讨论、交流。

5.学生自选物品创造声音。

6.模拟声音。用纸、塑料袋、打击乐等模拟“鸽子起飞”、“解放军行进”等声音。

二、玩玩、演演。

用自己创造的声音做“配音”的游戏……

三、赏赏、画画。

1.分别播放兔子、乌龟、大象、狮子的代表音乐，让学生将感受到的动物形象用律动来加以表现。师问：你为什么用这种动作来表现？

2.欣赏歌曲《花瓣》的伴奏音乐。问：这段音乐给你的感觉是怎样的？表现的是什么？

3.将以上音乐所表现的音乐形象画出来。

四、想想、谈谈。

听聋哑女的故事，说说你所想到的。

这节课联系学生的生活经验，通过对日常生活中声音的听辨、制造、模拟，使学生深深感受到声音与生活的密切联系，同时增强了学生的模仿能力和艺术想象力，最后通过故事来激发学生热爱生活、积极向上的生活态度和情感。

资料来源：《人民教育》编辑部. 新课程优秀教学设计与案例小学综合卷. 海南：海南出版社，2002：130.

课标中体现课程功能

在各学科课程标准与教材的编写中，都力争体现知识与技能、过程与方法、情感态度和价值观三方面的整合。比如，数学课程标准中"生活中的数据"一节，突出了在数学学习中对学生渗透环境保护的教育，通过统计家庭每天丢弃塑料袋的数量，让学生经历搜集、处理数据的过程，体会塑料垃圾对人类生活可能产生的危害。再比如，在地理课程标准中，要求评价学生参与地理探索性活动的程度和水平，重点不在于学生记忆的准确性和使用技能的熟练程度，而在于学生实地考察与观测、调查、实验、讨论、解决问题等活动的质量，以及在活动中表现出来的兴趣、好奇心、投入程度、合作态度、意志、毅力和探索精神。同时，注重评价学生在地理学习中所形成的热爱祖国的情感和行为，关心和爱护人类的意识和行为，对社会和自然的责任感，体会地理学习与现实生活的密切联系和地理学的应用价值。

资料来源：李建平. 促进学生全面发展——专家谈基础教育课程改革. 中国教育报，2001-9-25.

课程功能在物理课标中的体现

物理课程标准：保持对自然界的好奇，发展对科学的探索兴趣，在了解和认识自然的过程中有满足感及兴奋感；学习一定的物理基础知识，养成良好的思维习惯，在解决问题或作决定时能尝试运用科学原理和科学研究方法；经历基本的科学探究过程，具有初步的科学探究能力，乐于参与和科学技术有关的社会活动，在实践中有依靠自己的科学素养提高工作效率的意识;具有创新意识,能独立思考,勇于有根据地怀疑,养成尊重事实、大胆想象的科学态度和科学精神;关心科学发展前沿,具有可持续发展的意识,树立正确的科学观,有振兴中华、将科学服务于人类的使命感与责任感。

资料来源:中华人民共和国教育部.全日制义务教育物理课程标准(实验稿).北京:北京师范大学出版社,2001:6.

课程功能在历史与社会课程标准(一)(实验稿)中的体现

了解青少年的身心发展特征,认识个体发展与社会环境的关系;学习经济、政治、文化方面的基本知识,了解参与社会生活的方式和途径;学习与区域发展相关的知识,认识人口、资源、环境与社会发展的关系;了解中国和世界历史发展的基本线索,知道中国和世界文明的主要成果,了解历史与现实的联系;了解近现代中国人民奋斗的曲折历程和取得的重要成就,汲取历史经验和教训;发展感受、观察、体验、参与社会生活的能力;能够独立思考、提出疑问和进行反思;学会收集、处理、运用社会信息和历史材料的方法和技能;运用分析、比较、综合等方法,解释一般社会现象和历史问题;有条理地表达对社会和历史现象的想法与观点;激发关注和参与社会生活的热情,热爱社会主义,培育集体主义意识,具有强烈的社会责任感和历史使命感;珍惜生命价值,增强历史意识,树立可持续发展的观念;领会现代社会尊重人权的意义,增强民主和法制观念;关心祖国和人类的命运,培养爱国主义情感和开放的世界意识。

资料来源:中华人民共和国教育部.全日制义务教育历史与社会课程标准(一)(实验稿).北京:北京师范大学出版社,2001:5-6.

由爱因斯坦"应试"想到的

大名鼎鼎的发明家爱迪生辞退不称职的助手后,又贴出了招考新雇员的广告。可是,前往应试的人没有一个能使他满意。恰在这时,爱因斯坦到他家做客。

“唉,找一个合适的助手真难啊!”爱迪生大发牢骚。

“要具备什么样的条件才能荣任您的助手呢?我来试试。”爱因斯坦说。

于是,爱迪生开始口试爱因斯坦:“请问,在常温下,白云母的电阻率有多大?”

答:“在《电工手册》里有现成的答案。”

“请问,从纽约到芝加哥有多少英里?”

“可查一下《铁路指南》。”

“不锈钢是用什么材料制成的?”

“这个,可查查《金相学手册》!”

爱迪生评价说:“你虽然对答如流,可惜只能打零分。”

爱因斯坦哈哈大笑道:“考官先生,我当不了你的助手,我自动告退!”

名闻遐迩的大科学家为何当不了爱迪生的助手呢?爱因斯坦说:“我从来不记忆词典、手册里的东西,我的脑袋只用来记忆那些还没有载入书本的东西。”这话虽然可能言过其实,但是它表明:爱因斯坦作为一个开拓型的科学家,对创新思维的重视程度是远远超过机械记忆的。

纵观我国千百年来的教育状况,不论是古代的科举考试,还是今天的升级升学考试,内容基本上是僵化的死知识,教师教的、学生学的都是课本上的知识。只要把课本上的知识记牢了,就能应对各种考试,就能升大学。因此,这种僵化的应试教育虽然成就了10%的人,却使得90%的人带着阴影走向社会。

资料来源:柳瑞林.由爱因斯坦“应试”想到的.中国教师报,2003-6-12.

重视关于方法的知识

——《圆锥体的认识》教学片断

师:“我们都是在农村长大的孩子,常看到我们的爸妈将收获的谷子堆成一个近似于圆锥体的谷堆。如果他们想要知道自己家的这个谷堆有多高,可一时又想不出合适的办法。这时,如果你在旁边,能帮他们想想办法吗?”

(问题一提出,学生们都积极思考起来,很快几个孩子高高举起了右手)

生1:“可以用一根竹竿直接从稻谷堆的顶部插入,与地面垂直后在竹竿上作好标记,直接用尺子就可以量出圆锥形稻谷的高了。”

生2:“我觉得他们这样测量的方法都得不到精确的高度。因为稻谷堆的顶部与圆锥体模型的顶部不同,用竹竿插入稻谷堆时,顶部会向下塌,这样得到的高度是不精确的。”

师稍作思考:“大家认为他说的有道理吗?”

同学们交流后,都认为有一定道理。

生3(非常激动地站起来说):“如果我们在晴天测出谷堆影子的长,那么这个长就是稻谷堆的高。”

生4(立即站起来反驳):“不对,影子早晨长,中午短,下午又变长了,我们又不知道什么时候稻谷堆影子的长与高一致,怎么能量准确呢?”

(学生开始纷纷议论起来,研究的兴趣也越来越浓)

师:“一天中一个物体影子的高度不一定相同,那是不是我们就不能借用物体的影子来解决这一个问题呢?老师今天就教给大家一种方法,可以在不管什么时候都能根据影子的高知道圆锥体稻谷堆的高。”

孩子们兴致更高了,表情中透着一种迫切。

师:“把一根已知长度的竹竿垂直于地面,测出其影子的长度,依据我们学过的正比例知识,只要同时量出稻谷堆影子的高,就可算出谷堆的高度。”

此时教室内正好有阳光照射进来,于是我将圆锥体模型放在桌子上,让学生按此方法算出圆锥体的高。学生们纷纷要求上台测量。我让几位学生上来合作操作,其他学生注意观察,算出来的结果与量出的高度很接近。此时学生们的学习情绪可以说是空前高涨。

资料来源:汪强.搬入课堂的稻谷堆.中国教师报,2003-7-23.

培养学生的思维习惯

在教学过程中，我强调学生练习后的方法反思，这是学习中自我提高的重要环节。但是，我发现学生对这个环节普遍认识不够，学习的效率不高。针对学生重结果轻学习的习惯，我在教学中抓住一切机会对学生进行方法的训练。

如在一次测验后，有一道填空题"$(x+\frac{1}{x}+2)^5$ 展开式中各分式项的系数之和为______"，讲评时我对这道题进行了认真的分析，列出了四种解法。在列第一种、第二种解法时，学生一看有些复杂，不屑一顾；当列第四种解法时，还没等我写完，就有学生报出了结果。接下来学生的议论更活跃了，有的学生说："我真笨，这么多方法怎么都没有想到呢?"这时，我抓住机会，说："同学们，不是你们笨，而是平时对考后再思考，对课本知识的升华不够。"接着，我趁热打铁，又出了两道题让学生解，大多数学生看出了除第一种、第二种方法外，再难找到更适合的方法。我看出了学生表情开始严肃，态度也认真了。我又开始归纳以上四种解法的特点和作用，并指出了四种解法基本覆盖了二项式定理这节中的重要知识点、重要基本方法、重要技能技巧。这时，整个教室里只听到学生认真记笔记的"沙沙"声。

资料来源：傅道春. 新课程中教师行为的变化. 北京：首都师范大学出版社，2001:32.

小露珠是怎样形成的

苏教版小学语文第六册中有一篇课文《小露珠》，其中有这样一段："夜幕降临了，草叶上、花朵上、禾苗上出现了一颗颗小露珠。小露珠爬呀，滚呀，越来越大，越来越亮，到黎明的时候，已经有黄豆粒那么大了。"

教学这一段时，我先让学生自己读课文，然后要他们来谈谈自己读后的感受。结果，他们却向我提出了一大堆问题："露珠为什么在夜幕降临之后才出现?”“露珠为什么是由小变大的?”“浇水后或下雨后禾苗上的水珠叫不叫露珠?”……

老实说,这些问题要解释清楚并不困难。不过我想,与其将答案直接告诉学生,让他们成为知识的接受者,不如引导他们自己去寻找问题的答案,使他们成为知识的探求者、发现者。于是我就给他们布置了一道家庭作业:“回家后从冰箱的冷冻室中拿出一个茶叶罐,最好是铁制的,放上十分钟,看看有什么现象发生,想想是什么道理,明天的语文课上,请大家来交流。”

第二天的语文课开始了,我让大家来汇报做实验的结果,大家几乎是异口同声地告诉我,茶叶罐上积满了水珠。

“水珠是怎么积上去的呢? 你们有没有向上面浇水呢?”我“奇怪”地问。

黄军同学抢着说:“我没有向上面浇水,水是空气中的水汽变成的,空气中的水汽本来是看不见的,但是遇到冷的东西,它就变成水滴积在上面了,并且越积越大,越积越多。”

“空气中的水汽遇冷后变成水滴,这种现象在生活中是可以见到的。你们能举出一些例子来吗?”我接着问。

张豪同学说:“天冷的时候,当我们向窗子玻璃上呵气,就会发现玻璃上有一层小水珠,这就是因为我们呵出的气中有水汽,水汽遇到冷的玻璃就凝结成水滴。”

刘洋同学说:“戴眼镜的人都知道,在冬天我们说话时,就会在镜片上结成一些水珠,使镜面模糊起来,也是这个道理。”

等学生充分发表意见之后,我就将昨天大家提出的那些问题列举出来,引导他们逐一回答,大家很快就都有了满意的答案。我又让他们自己综合归纳出露珠的形成经过,学生也都回答得非常到位。

资料来源:任定保.小露珠是怎样形成的.中国教师报,2003-7-10.

一次关于“功”“功率”“机械效率”的有趣实验

初中学生学习《功》这一章,对功、功率和机械效率三个概念容易混淆。为了解决这一难点,我设计了一堂比赛形式的实验课:比比谁做的功最多,谁的功率最大,谁的机械效率最高。每个同学都抱五块砖以最快的速度从一楼跑上四楼,测出自己的功、功率和机械效率。实验由学生自己设计方案,自己进行测量、记录、计算、设计表格填数据。然后集体讨论评选出了四个“全班之最”:上楼最快的,做功最多的,功率最大的和机械效率最高的。四项“冠军”分别由不同的四位同学获取。这一结果把学生的思维集中到了同一个焦点上:为什么做功最多的功率不是最大?机械效率也不是最高?为什么上楼最快的做功却不是最多?这正是实验要解决的中心问题。学生通过对自己的亲身感受和确凿数据进行回忆、对比、联想、分析,终于明白了道理。学生在总结中纷纷写道:“老师曾反复给我们强调做功多不一定功率大,功率大不一定机械效率高。我们虽能从公式上认识这一点,但通过亲自实验,才真正彻底地把这个道理搞懂”;“生动有趣的实验把我们所学的理论知识转变成了亲眼所见的事实,让人难忘,我们今后再也不会分不清功的多少、效率的大小和机械效率的高低三者了”。

资料来源:周小山.教师教学究竟靠什么——谈新课程的教学观.北京:北京大学出版社,2002:99.

课堂教学片断及评析

——小学语文第三册《植物妈妈有办法》

……

师:“现在我们学习诗歌第二节。同学们自己读这一节,然后说说这一节有几句,每句讲什么。”

(学生读课文)

生甲:“这一节有两句话。第一句讲蒲公英妈妈为孩子准备了降落伞。第二句讲孩子们乘着风纷纷出发。”

……

师:“现在再读课本并认真看插图,思考问题:为什么说蒲公英妈妈准备了降落伞,把它送给自己娃娃?你见过降落伞吗?4 人小组讨论后回答老师的问题。”

生甲:“我见过蒲公英,它的果实像个毛茸茸的球,风一吹,就像许多小降落伞在飘呀飘。”

……

师:“回答得很好。你们再想想,‘乘着风’是什么意思?先小组说说,再起来说。”

生甲:“乘着风就是随着风。”

……

师:“同学们想想,我们是怎样学懂第一节的?”

生甲:“我们先读课文,知道课文有几句,每句讲什么。”

生乙:“我们先读课文,知道课文第二节有几句,每句讲什么。再看插图、读课文,理解了不懂的词语,然后懂得了蒲公英妈妈是怎样传播种子的。”

生丙:“最后我们有感情地朗读课文。”

师:“同学们说得非常好。现在老师把你们的发言总结成这样几句话,就是学习课文的方法。”(出示学习方法的小黑板)

……

[评]:从低年级即开始注重学法指导,帮助学生主动获取知识,形成能力,学会读书。既避免烦琐分析挤占学生读书时间,又培养了学生自主学习的意识和习惯。

资料来源:赵昆华,刘岭南.《植物妈妈有办法》课堂教学片断及评析.云南教育,2002(14).

“品学兼优”生的杀母事件

新华社和《中国教育报》报道过17岁的徐力因不堪忍受学习重负杀死生母的悲剧。徐力平时学习特别刻苦,被认为是一个“品学兼优”的学生,学习成绩一直很好,但因为不能容忍母亲对他学业上的压力,将其母亲杀害。这反映出他心智不健康,心理承受能力弱和法制观念缺乏。因此,教育尤为重要的是要在学习知识的过程中潜移默化地培养学生正确的价值观、人生观和世界观,要引导学生在学习知识的过程中,形成正确价值选择,具有社会责任感,努力为人民服务,树立远大理想。这一过程将深刻地影响他们思想道德的形成,影响他们人生的抉择。

资料来源:《求是》杂志社文化编辑部.学习江泽民同志《关于教育问题的谈话》,2000:23.

青少年情感沙漠应该引起社会关注

前不久,西宁市发生了一起中学生自杀事件,事发后孩子的父母捶胸顿足后悔家庭缺乏彼此间的沟通和交流。

从事多年青少年心理健康研究的青海师大教育系副教授赵慧莉在接受记者采访时说:"青少年的情感沙漠应该引起社会关注。情感需求是人的天性,如果社会在青少年成长过程中满足不了他们渴望理解、支持和交流的需要,当他们觉得无处倾诉时就会出现情感沙漠,继而导致孤独、抑郁症。"

赵慧莉老师说:"现在越来越多的成人只关心孩子在学校的表现,只在乎孩子成绩是否提高了,并为此可以不惜血本满足孩子生活中的各种需求,却往往忽略了孩子最重要的一种情感需求。"她说,如今的独生子女学习压力越来越大,生活空间越来越小,而家庭和学校关注更多的是他们的学习和生活问题,无暇顾及青少年的情感需求,久而久之孩子们觉得与成人无话可说,于是许多孩子就沉浸在电脑前,在"人机交流"中寻找鼓励、成功、喜悦,寻找情感的慰藉。

资料来源:朱建军,陈新雷.青少年情感沙漠应该引起社会关注.中国教育报,2002-3-30.

一份关于品行价值的调查报告

1998年10月,中国青少年研究中心和北京师范大学教育系在全国10个省市对3737名10—18岁的学生及其父母进行了问卷调查。

本次调查设计了相关的两道题,其一是:"在下列品行中,你认为未来社会最应提倡的是哪一种?"共列出16种品行作为选择答案。它们是:正直、礼貌、诚实、守信、孝敬、宽容、节约、进取、合作、敬业、守时、慷慨、坦率、责任感、独立性、平等待人。

统计表明:中小学生认为最应提供的前四种品行是:平等待人、责任感、正直、进取。若倒数排序的话,守时为倒数第一,接着是慷慨、坦率、守信誉、合作并列倒数第四。

第二题是:“在下列品行中,你认为未来社会最不能容忍哪一种?”共列出 14 种选择答案,它们是:欺骗、浪费、自私、依赖、吝啬、懒惰、霸道、迷信、不负责任、歧视妇女、欺软怕硬、虐待动物、歧视外地人。

统计表明:中小学生最不能容忍的前五种品行是:欺骗、霸道、自私、歧视妇女,浪费和欺软怕硬并列第五。

从这里可以看出,在我国从传统社会到现代社会的社会转型期,现代社会的价值观念尚待进一步确立,在价值观念方面实际上是新旧并存。因而,应当注意促进社会价值观念的更新,实现价值观念的现代转变。

资料来源:周小山.教师教学究竟靠什么——谈新课程的教学观.北京:北京大学出版社,2002:128.

教学片断——难忘的一课

师:“书上有一句话这样说:‘还有什么别的话更足以表达我这时的全部感情?’这句话很长,你怎样理解呢?”

生:“我认为这句话已经是最简单的话了,也只有这句话更足以表达‘我’这时的全部感情。”

师:“作者为什么这样说呢?我们看,作者是在看到了什么、听到了什么、想到了什么的情况下激动得重复这句话的?大家互相交流一下。”

(同桌交流)

生:“作者听到了台湾教师介绍学校的小礼堂,看到了中国历代伟人像,才说了这句话。”

师:“台湾教师是怎样介绍的?”

(生读书上的句子)

师:“我们听得出,刚才这位同学在读时有个词读得特别重,是哪个词?”

（其他学生没反应）

师："请这位同学再读一遍，好吗？"

（生再读）

师："哪个词？"

生 1："他把'光复'一词读得特别重。"

生 2："我认为他把'自己的'这个词读得重。"

生 3："我觉得他把'伟人'这个词读得重。"

……

师："好，我们来比较一下，大家听的效果不同，感觉到的重音就有所不同。一个句子中的词语不能都读重音，否则就没有重音了。你们说是吗？大家体会作者的感情，再试着读一读，看看到底哪些词应该重读。"

（生试读体会）

师："谁愿意再读一读？"

（让开始读的学生再读）

师："你把哪些词读得重了一些？"

生："我把'中国人自己的'这几个词读得比较重。"

师："为什么？"

生："我认为这样读更能突出这位台湾教师深厚的爱国情感。"

生 1："我给他补充一点，我认为把'中国人自己的'这几个词读重，还能体现台湾教师的一种骄傲、自豪的感情。"

师："你们体会得非常好！感受太深了！"

师："那我们能不能像他们一样，感受着台湾教师那种爱国的、自豪的情感，再读这段文字，用心体会一下？"

……

评：读是理解的外化。朗读指导，技巧与体验并重。发现读得好的学生，让其他学生评价、学习，生生互动促使学生深入体会语言文字所蕴含的思想感情。

资料来源：李玉梅.《难忘的一课》教学片断赏析. 河北教育，2002(z2).

四、问题与思考

案例一:《詹天佑》教学片断

课前:学生预习课文《詹天佑》

师:“同学们,收集哪些方面的资料将有助于我们学好这篇课文?”

生1:“我觉得应该通过上网搜索、到图书馆查资料等先了解一下詹天佑这个人。”

生2:“我觉得应了解一下1905年前后清政府的情况以及帝国主义对我国的态度。”

生3:“还可以查阅一下当时清政府的铁路建设情况。”

生4:“我认为还应该通过查看地图,了解一下京张铁路所经路线的地形。”

师:“同学们的建议很好,我们可以从人物、时代背景、地理环境几方面,通过各种途径来收集资料,以利于更好地理解课文。可以找和你有共同想法的同学合作查一个方面或两个方面,当然全查更好!”

(学生分组收集,并利用班会时间组织学生看电影《詹天佑》)

课中:

(一)通情

师:“以你喜欢的方式读读课文第二、三自然段,读后谈出自己最真切的感受!”

(生读课文)

师:“谁能告诉大家自己的感受及原因?”

生1:“我很气愤!清朝政府刚提出这条铁路的修筑计划,一些帝国主义国家就出来争夺修筑权,横加干涉我们自己的事。”

生2:“其实他们的目的是要控制我国的北部。我从收集到的资料中知道,帝国主义控制的铁路修到哪里,他们侵略的魔爪就伸到哪里。(他翻出地图册,教师示意他把地图放在实物投影仪上)京张铁路是联结华北和西北的交通要道。他们争夺铁路的修筑权,就是想吃西北这块‘肥肉’。”

师:“说得好。不仅联系了课文内容,还巧妙地介绍了自己收集到的资料，让我们看到了帝国主义者的真正嘴脸。这种强盗行径真令人气愤。”

生3：“还有令人气愤的事。帝国主义者欺侮我们技术落后，进行要挟，真是欺人太甚！”

生4：“更令人生气的是，他们知道清政府任命詹天佑为总工程师后就进行嘲笑，他们以为，他们的著名工程师不敢轻易尝试的事，中国人就无论如何也完成不了，真是‘狗眼看人低’。”

师：“1905年是清朝末年，我们还处在半封建半殖民地的社会，政治腐败，经济落后，技术力量薄弱。想自己修条铁路，帝国主义者就进行阻挠，阻挠不成就要挟，要挟不成就嘲笑。实在是令人气愤。谁来读一读，要求读出这种感情来。”

（两生读，教师评议）

师：“那么除了气愤，你们还有什么感受？”

生：“高兴！因为我们有詹天佑这位总工程师为国争光了。大家都说这一回咱们可争了一口气。”

师：“对，这是一条争气路！长了中国人的志气，灭了帝国主义的威风。”

师：“再读读这两个自然段，把这种气愤而又高兴的复杂心情表现出来。”

（先各自练读，再指名读，然后评议）

（二）入境

师：“大家能把这两个自然段的内容演一演吗？注意把课外搜集到的内容也体现出来。”

（学生分组准备，积极性很高。在老师指点下，一生扮演“清政府”，八生分别扮演英、法等帝国主义国家，一生扮演詹天佑，其余学生在座位上扮演中国民众。同时准备中国地图一幅）

“清政府”先在地图上比划一番，提出修筑京张铁路的计划。

“帝国主义国家”就开始纷纷阻挠，相互争夺修筑权。争持不下就要挟，认为清政府最后还得求助于自己。（其言行由学生根据时代背景自由发挥，注意表现出帝国主义的嚣张气焰）

然后“詹天佑”义正辞严地大声说：“我们国家已经有自己的工程

师了,我就是其中的一个。”

“清政府”接着宣布任命詹天佑为总工程师主持修筑京张铁路。

民众(欢呼):“这一回咱们可以争一口气了。”

“帝国主义国家”:“这是个笑话,能在南口以北修筑铁路的中国工程师还没有出世呢。我们的工程师都不敢轻易尝试的工程,中国人是无论如何也完成不了的!”

师(表演即将结束时,教师扮演记者采访詹天佑):“詹总工程师,在帝国主义的阻挠、要挟、嘲笑声中,在全国人民的殷切希望中,你接受了这一艰巨而光荣的任务,压力大吗?”

“詹天佑”(因事先没有准备,片刻后回答):“压力很大,但是我相信一定能完成这个任务。外国人能办得到的事,我们中国人一定能办到;外国人不能办到的事,我们中国人也能办到。”

(台下学生热烈鼓掌)

师:“光有志气可不行,还得有实力!想想:詹天佑是何许人也?(转向其他几位学生)现在假如你是詹天佑,你这位詹总工程师怎么评价自己?”

生 1:“我是导师最得意的学生,我是最棒的,没人能比。”

生 2:“我 12 岁就离开父母离开祖国,独立性很强,什么苦都能吃,那高山深涧、悬崖峭壁奈何得了我吗?”

……

资料来源:朱玉棣,唐建华.通情入境 兴趣盎然——《詹天佑》教学片断.中国教师报,2003-6-12.

思考与讨论

1. 教师为什么没有让学生交流材料而是引导学生在回答问题的时候运用材料?

2. 教师通过什么手段来激发学生的情感体验?

3. 结合实例思考:怎样真正保证课程功能三维目标的共同实现?

案例二:《呼吸器官》教学实录

兴趣导入

师:“请同学们闭上嘴,把两根手指放在鼻孔下一会儿,你有什么感觉?”

……

师:“刚才,同学们所感受到的就是人的呼吸现象。(板书:呼吸)如果用手指堵严鼻孔,有什么感觉呢?”

……

师:“对于人的呼吸你想知道什么?”

生:“人为什么要呼吸?”

生:“人不呼吸为什么憋得难受?”

生:“人是怎样呼吸的?”

生:“呼出的气和吸进的气一样吗?”

(一)教学呼吸的意义

师:“同学们提出的问题又多又好,要想知道人为什么呼吸,应该先研究吸进的气体和呼出的气体有什么不同。有知道的吗?”

生:“我知道人吸进的是氧气,呼出的是二氧化碳。”

师:“你是怎么知道的?”

生:“我是从课外书上和电视上看到的。”

师:“看来,同学们可以从课外书上、电视上学习很多知识,那么同学们仔细想一想,人吸进去的气体只有氧气吗?”

生:“不是,我认为人吸进去的是空气,其中有氧气、氮气,也有二氧化碳。”

师:“人呼出的气体,只有二氧化碳吗?”

生:“也不是,可能二氧化碳比较多。”

师:“看来要想准确地知道吸进的气体与呼出的气体有什么不同,我们还要像科学家那样——”

生齐:“做实验。”

师:“怎样设计实验呢?请同学们讨论。”

……

师:“实验说明了什么?”

生:“人呼出的是二氧化碳。”

师:“人吸进的不也有二氧化碳吗?为什么没使石灰水变浑浊呢?”

生:“人吸进的气体中二氧化碳比较少,所以石灰水没变浑浊。”

师:“这就是说呼出的气体和吸进的气体相比,哪个二氧化碳多?”

生齐:“呼出的气体。”

师(板书:呼出的气体比吸进的气体所含二氧化碳多):“呼出的气体中二氧化碳多,所以实验现象明显,吸进的气体二氧化碳少,所以实验现象不明显。请同学们思考,吸进的气体和呼出的气体总量会有差别吗?”

生:“不会。”

师:“为什么?”

生:“因为有差别就不平衡了。”

生:“因为如果吸进的多呼出的少,人就会胀,吸进的少也不会呼出的多。”

师:“既然总量是一样的,有的气体多了,那么有的气体一定会——”

生齐:“减少。”

师:“什么气体减少呢?”

生:“可能是氧气。”

师:“到底是不是氧气减少了,怎么办?”

生齐:“做实验。”

师:“请同学们设计实验。”

……(学生实验)

师:“实验中有什么现象?”

……

师(板书:氧气少):“通过以上两个实验,谁能说说人呼出的气体与吸进的气体有什么不同呢?”

生:“呼出的气体所含的二氧化碳比吸进的气体多,所含的氧气却比吸进的气体少。”

师:“同学们能提出问题吗?”

生:“氧气为什么少了,多出的二氧化碳是从哪里来的?”

生:“减少的氧气哪里去啦?多出的二氧化碳是从哪里来的?”

师:“谁能解释?”

生:“氧气被人吸收了,二氧化碳是人排出来的。”

师:“由此可以推想,人体需要什么气体?排出什么气体?”

生:“人需要氧气,排出二氧化碳。”

师(板书:人需要氧气,排出二氧化碳):“人体的各个器官都在不停地工作,要工作就要有能量,人们消化吸收的养料必须与充足的氧气发生反应才能不断地产生能量,在反应的过程中会产生一种废气,也就是二氧化碳。现在你知道人为什么要不断地呼吸了吧。”

生:“人不呼吸就会死。”

师:“你能具体说说为什么吗?”

生:“因为人要不断地吸进氧气呼出二氧化碳,要不然,人就没有能量了,各器官也就没法工作了。”

(二)认识人的呼吸器官

师:“人的呼吸要通过哪些器官呢?(板书:器官)请看课件。”(出示呼吸器官解剖图)

师:“请同学们体会鼻、咽、喉、气管、肺各个部位在呼吸时各有什么感觉。”(学生体会)

教师演示呼吸过程……

(三)进行呼吸卫生教育

师:“对于呼吸器官,同学们还有什么问题?”

生:“老师,我认为嘴也是呼吸器官,可图上为什么没有标呢?”

师:“这个问题提得很好,人虽然可以用嘴呼吸,但用嘴呼吸对人的健康不利,你知道这是为什么吗?”(学生讨论)

师:“人呼吸时,气体先进入鼻孔,鼻孔里面有鼻毛和黏膜,能挡住空气中的灰尘和细菌,在冬天还能把冷空气变得暖和一些,这样对人的呼吸器官起到保护作用,而用嘴呼吸能起到这些作用吗?”

生齐:“不能。”

师:“所以嘴不是呼吸器官,除非是特殊情况下才可以用嘴呼吸。那么,要保护人的呼吸器官还要怎样做呢?请看图片。”(用实物投影

仪展示课本上的四幅图片）

师："通过这些图片你受到什么教育？"

……

（四）小结

师："通过这节课的学习你有什么收获？"（同学从不同的方面谈收获）

师："同学们的收获可真不少！课下请同学们画一幅画，提醒人们保护呼吸器官。"

资料来源：施成良.《呼吸器官》教学实录.小学教学设计，2002(2).

思考与讨论

1. 这节课中教师怎样体现了新课程功能的指导思想？

2. 通过案例的阅读，这位教师对新课程功能的把握对你有什么启示？

3. 评析《呼吸器官》一课。

小结

课程功能的转变是世界各国课程改革的首要目标。在对国际基础教育课程改革趋势进行深入比较、对我国基础教育现状进行深刻反思、对未来人才需求进行认真分析后，本次课程改革首先确立了课程改革的核心目标，即课程功能的转变：从单纯注重传授知识转变为引导学生学会学习，学会合作，学会生存，学会做人，打破传统的基于精英主义思想和升学取向的过于狭窄的课程定位，而关注学生的全面发展。这一根本性的转变，对于实现新课程的培养目标，全面实施素质教育，培养学生的健全人格和社会责任感、创新精神和实践能力及终身学习能力等都具有重要意义。

第3部分
课程结构

学习目标

1. 了解课程的基本结构。

2. 把握学科课程和经验课程、分科课程和综合课程、必修课程和选修课程之间的区别与联系。

3. 理解新课程结构的均衡性、选择性和综合性特征。

方向导引

改变课程结构过于强调学科本位、门类过多和缺乏整合的现状，整体设计九年一贯的课程门类和课时比例，并设置综合课程，以适应不同地区和学生发展的需要，体现课程结构的均衡性、综合性和选择性。

——教育部文件：教基[2001]17号《基础教育课程改革纲要(试行)》

一、观点与原理

(一)整体设计九年一贯的课程

新课程遵循学生身心发展的基本规律,为学生的全面发展和终身发展奠定基础,改变了课程结构过于强调学科本位、科目过多和缺乏整合的现状,整体设置九年一贯的义务教育课程。

"整体"指将各类课程按横向关系组织起来,通过课程的横向组织,使各门课程在差异得以尊重的前提下互相整合起来,消除以往学科本位所造成的学科之间彼此孤立甚至壁垒森严的对立局面,使各门课程、各个学科产生合力,使学习者的学习产生整体效应,从而促进学生人格整体发展。① "一贯"指将各类课程按纵向的发展序列组织起来。就一门课程而言,要强调"连续性",使课程内容在循环中加深、拓展,并不断得到强化、巩固;就各门课程关系而言,要强调"顺序性",使不同课程有序地开始,前后相互连贯,同时使课程门类由低年级到高年级逐渐增加,从而使学习者的学习产生累计效应,促进学生可持续发展。②

这次课程改革针对"整体"和"一贯"的原则对现行课程结构的问题作了重大调整。分别在不同的年级设置语文、数学、体育、品德与生活、品德与社会、思想品德、历史与社会、科学、艺术、综合实践活动等课程,根据学生的发展特点来安排课程及课时。此外,为了促进学生协调全面发展,课程在每个年级有相应的调整,1、2 年级设置品德与生活,3、4 年级调整为品德与社会,7、8、9 年级调整为思想品德。在 3—6 年级设置了理科综合课程科学,到 7、8、9 年级可以继续开设科学,也可以选用分科课程生物、物理、化学。在 7、8、9 年级开设了文科综合课程历史与社会,同时也可以选用分科课程历史或地理。同时

① 朱慕菊.走进新课程——与课程实施者对话.北京:北京师范大学出版社,2002:22.

② 同上。

在整个义务教育阶段设计了艺术、地方课程和校本课程。在 3—9 年级设置了综合实践活动。从上述的课程结构的调整可以看出，九年义务教育的课程安排是从整体的角度出发，根据学生身心发展的特点和义务教育的特点全面安排课程门类和课时比例，同时年级之间的课程安排具有连贯性和协调性，保证学生循序渐进地、逐步深入地学习知识，开阔视野，拓展思维。

（二）课程结构强调均衡性

课程结构的均衡性是指学校课程体系中的各种课程类型、具体科目和课程内容能够保持一种恰当、合理的比重，而界定其恰当、合理的指标是这种比重是否有助于学生身心的全面发展，是否与既定的课程目标相吻合。[①]课程结构的均衡性是依据全面发展的理论和素质教育的精神而提出的。教育要培养的是德智体全面、和谐、均衡发展的人。或者说，我们需要培养的是“全人”或“一个完整的人”，而不是培养只得到某一方面发展的人（如头脑简单、四肢发达的人或有精神病的科学家）。教育目的的全面性要求教育内容的全面性，它在课程上表现为课程结构的均衡性，即均衡搭配课程类型，科学安排课程比重和均衡安排课程内容。

课程类型从不同的角度可以分别划分为学科课程和经验课程，分科课程和综合课程，必修课程和选修课程，国家课程、地方课程和校本课程。每种课程类型具有不同的特点，也体现着不同的价值，它们在学校课程结构中拥有着不可或缺的地位，没有一门课程能够满足学生所有的需要，实现所有的课程目标，学生的全面发展依靠不同课程之间的相互协调，相互补充。我国原有的课程类型出现了严重失衡的问题，课程类型主要以学科课程、分科课程、必修课程和国家课程为主，忽视了经验课程、综合课程、选修课程和地方课程的开发，课程类型的失衡导致了学校课程设置的僵化，也导致了学生知识结构的单一化。此次课程改革力图实现课程类型的均衡化，在学科课程的基础上设置经验课程，如综合实践活动；在分科课程的基础上设置综合课程，如生

---

① 朱慕菊．走进新课程——与课程实施者对话．北京：北京师范大学出版社，2002：19.

活与社会、艺术、科学、社会等课程；在必修课程的基础上设置选修课程，国家给学校留出了一定的选修课的课时；在国家课程的基础上，开发地方课程和校本课程。

课程结构的均衡性不仅表现在课程类型的均衡性上，也表现在课时安排的均衡性上。我国原有的课时比重不均衡，长期以来，我国的基础教育中语文、数学等传统优势科目占据了较大的比重。而音乐、美术、社会等课程占据很少的课时。这种状况显然不利于学生的全面发展。新的课程计划分别将语文、数学等传统优势科目所占的课时比重适当地下调。同时，将下调后积累下来的课时量分配给综合实践活动和地方与校本课程。

课程结构的均衡性还表现在课程内容的均衡性上。课程内容在很大程度上影响着学生的学习范围。长期以来，我国基础教育的课程内容繁、难、偏、旧。新课程加强了课程内容的完善与优化，扭转其不均衡发展的状态。首先，加强课程内容的生活化，使课程内容更加具有生活气息。其次，删除原来课程内容中过旧、过难的知识，减轻学生不必要的负担。最后，实现课程标准的灵活性以适应不同层次学生学习的需要。

课程结构的均衡性绝不是课程结构的平均分配，而应该根据某一阶段的培养目标和培养方案进行合理安排，实现学生的均衡发展。

（三）课程结构强调综合性

课程结构的综合性要求将原有的学校课程中的分科课程按照其内在的逻辑层面和价值层面的关联进行统整，并以开发、设置和实施各种类型的综合课程的方式实现课程类型的多样化、课程内容的丰富化和综合性。它主要涉及在国家层面的课程结构中以何种方式和怎样的程度体现课程综合化的潮流。

课程结构的“综合性”是依据基础教育的特殊功能、现代人的素质需求以及儿童的认知方式而提出的。基础教育是为人的一生的学习打基础的阶段，如果基础打得不宽泛，往往会限制儿童以后对自己发展方向的认识，不利于以后的发展。因此，基础教育需要广泛地向学生介绍各方面的基本知识，不断拓宽儿童的知识面。这样，一方面有利于培养儿童多方面的兴趣、爱好，另一方面有利于开阔儿童的视野，拓宽儿童的知识面。此外,从社会的发展看,社会信息发展的日益交融化使得社会越来越需要博而专的人才,在博的基础上做到专,就需要能够融会贯通各学科的知识,这在学校教育中主要体现在加强各学科之间的联系,增强学校课程的综合性。而且,儿童对事物的认识总是建立在他们已有的生活经验、学习经验的基础上的,如果过多地强调学科的逻辑体系而忽视学生的经验,必然违反学生的认知规律,不利于学生的发展。科学的课程结构应该既注重根据学生的直接经验组织教育内容,也注重学科的内在逻辑。

课程结构的综合性在实践中主要体现在以下几个方面:首先,加强学科的综合性。在同一学科内,课程结构重视加强学科知识与社会知识、学生经验之间的联系,使知识生活化、社会化,从而使课程内容与社会生活实践形成互动的关系。在不同的学科间,课程结构强调不同学科之间的相互交流、相互渗透,避免知识之间的重复和条块化。一直以来,我国基础教育的课程主要是分科课程,学科与学科之间不沟通、不交流。新课程强调加强学科之间的交流,在学科教学中整合与之相关的其他学科的知识。再次,设置综合课程。设置综合课程是课程结构综合化的集中体现。新课程改变过去分科主义的倾向,开设品德与社会、艺术、科学、综合实践活动等课程。综合课程与分科课程在学校课程结构中所占的比重是随着学校教育层次的变化而变化的。在低年级的课程结构中,综合课程所占比重要明显超出分科课程。随着年级的升高,综合课程在课程结构中所占的比重逐渐降低,而分科课程所占比重逐渐提高,并最终超出综合课程。最后,增设综合实践活动。这是一门非学科领域,是基于生活实践领域的高度综合的课程,是基于学习者的直接经验,密切联系学生自身生活和社会生活,体现对知识的综合运用的实践性课程。

(四)课程结构强调选择性

课程结构的选择性是针对地方、学生与学校的差异提出的。受历史、地理等方面因素的影响,我国不同地区之间有很大的差异性。政治、经济、文化的发展情况必然会影响教育的发展,教育应该正视我国的国情,在课程内容的确定上作出合理和科学的安排,增加课程的灵活性,突出课程的地方性、民族性和时代性,使之适应当地社会与经济发展的实际需要。这就要求课程必须打破整齐划一的局面,实现课程的多样化。学生之间有很强的个体差异性。每个学生有自己独特的性格特征、兴趣爱好、思维方式。这种独特性使学生之间表现出很大的差异性,这恰恰迎合了新时代人才需求多样性的特征。因此,教育不应该抹杀这种学生个性的丰富性,而应加强课程的弹性化,给学生提供更广阔的选择空间,使他们可以根据自身的特征选择适合于各自发展的课程。学校作为教育基地,既要反映地区发展的特色又要发展学生的个性。学校教育不能脱离地区的经济、文化特征,要与当地的经济、文化生活紧密联系,反映出地方特色。同时,学校的课程设置要反映学校的办学特色,服务于学校的办学宗旨,课程内容要体现学校精神与校园文化。学校也要发展学生的个性,在安排国家的必修课程的基础上,要根据学校特点和自身的师资力量开设选修课程,使学生能够根据自己的特长和兴趣选择课程,开阔学生的视野,培养学生的爱好,发展学生的个性。

课程结构的选择性包括如下三个基本内涵:首先,课程结构要适应地区间经济文化的差异,必须具有一定的变通性,国家课程要提供多套选择方案,以便于地方根据本地区的实际情况进行选择。地方也要在选择合适的国家课程的基础上开发体现地区特色的地方课程。其次,课程结构要适应不同学校的特点,体现选择性。新一轮的课程改革设立国家课程、地方课程和校本课程。学校要充分发挥积极性,在执行国家课程的同时,开发设置地方课程和校本课程,实行课程的多样化。学校的课程设置要充分反映学校的办学特色,应根据本学校的教育宗旨对国家课程和地方课程进行选择和开发。最后,课程结构要适应学生的个性差异,完善选修制。教育要促进每一个学生的全面发展,在课程设置时,要考虑学生多方面的需要,设置必修课的同时,增设选修课,保证学生有机会自主选择和决定学习内容,给学生留有选择学习的时间和空间。

二、典型案例分析

（一）典型案例：垃圾的分类与处理——小学综合实践活动的案例分析

这学期四年级综合实践活动的主题之一是“关注社会生活”。选题是垃圾的分类与处理，并成立了垃圾分类与处理小组。小组成立后，孩子们在选指导老师时出现了争执。这时，李照宇提议道：“这样吧，以后不论什么事，咱们投票选举，少数服从多数，行吗？”他的提议得到大家一致通过……通过表决我成为垃圾分类与处理小组的指导老师。要选小组长了，孩子们热情高涨，他们毛遂自荐，纷纷表示要争当小组长。我建议这次改变形式，要求参加竞选的同学先作演说，再举手表决。孩子们同意了……很快，孩子们又用举手表决的方法确定了他们这一组的组长——唐浩翔。

在教师的指导下，垃圾分类与处理小组制订了详细的活动计划。按照活动计划，学生们决定先去周围的小区里看一看垃圾分类处理的实施情况。周一下午，孩子们兴高采烈地走出校门。很快，孩子们就来到一红一黄两个垃圾箱旁，他们迫不及待地打开垃圾箱的盖子。“错了，放错了。”“老师，你快来看呀，这里的垃圾没按照分类要求放。”孩子们对眼前的一切失望极了，纷纷发表着自己的意见：“哟，怎么能乱扔垃圾呢？”“真糟糕！”“咱们把它们放回该放的垃圾箱吧！”说干就干，小组成员齐动手，很快垃圾就都回到应该放的垃圾箱里了，就连路边草丛里的废玻璃，孩子们也小心翼翼地拾起来放到了黄色垃圾箱内。经过一下午的考察，孩子们发现情况并不乐观，他们很失望。

既然实施了垃圾分类处理的环保措施，人们为什么不能按照要求去做呢？孩子们决定设计调查问卷，寻找现象背后的原因。问卷很快设计好了，拿着自己设计的问卷，孩子们来到东方路、浦建路、兰村路车站等地方，逐渐与陌生人攀谈起来。调皮的胡兴业还向同伴传授他的诀窍：“调查时我专门找那些漂亮的阿姨和姐姐询问，每次我总是先说：‘阿姨您真漂亮，能接受我的采访吗？’阿姨总是很高兴地接受我的采访。”……在这次调查中，孩子们一共在校外调查了90人，经过统计后，我还教他们用饼图直观地表达出调查的结果。要知道绘制饼图可是数学书上没学过的呀，孩子们又学到了新的知识。看着调查结果：70%的人知道垃圾要分类处理，85.6%的人认为垃圾的分类处理能够改善环境，93.3%的人愿意配合实施垃圾分类处理，孩子们又产生了新的疑问：既然大多数人认同垃圾分类处理并且愿意配合，为什么还是有那么多的乱放现象呢？仅仅是因为习惯吗？针对这些问题他们又展开了新一轮的现场调查。最后，他们发现了一个重要的原因：垃圾箱上只有一张小小的图片，人们往往看不清楚，所以就随手乱扔了。一则新闻更使得孩子们为自己的“重大发现”欢呼雀跃：上海许多清洁工阿姨也为人们不按照垃圾分类要求而乱扔垃圾感到苦恼，她们也呼吁能在垃圾箱上贴上明显的标语。

看到校园里的垃圾桶也没有分类，孩子们决定先在校园里的垃圾桶上贴上标志，看看同学们是否能够按照要求去做。可是，明显的标志怎样设计呢？听说五(1)班学生成立了一个“3D”广告公司，为了增强孩子们的交往能力与合作意识，我建议他们与“3D”公司谈一谈，双方共同设计理想的标志。很快双方在一间教室里碰了第一次面。……经过一番讨价还价，孩子们以1元钱成交了。果然，没过几天“3D”广告公司就送来了他们设计的广告语：“我是专吃废玻璃的垃圾箱，请把废玻璃放在我的肚子里吧！我是电池箱，专门喜欢废电池，请把废电池放在我的肚子里吧！我是专吃有机垃圾的垃圾箱，请把可燃烧的垃圾放在我的肚子里吧！”孩子们对他们设计的广告标语和画面满意极了，很快在他们的辛勤劳动下，垃圾箱穿上了新衣，同学们也开始按照垃圾分类的要求投放垃圾了！

孩子们觉得他们的辛勤劳动有了成果，于是决定写封信给新区区长胡炜伯伯，希望能推广他们的做法。现在这封信连同孩子们真挚的热情一起寄出了。活动仍在继续，分类的垃圾是怎样处理的呢？听说名人花苑有自己的小型垃圾处理厂，我提早与他们联系，希望下星期能带孩子们去参观一下……

资料来源：陈蕾，安桂清. 垃圾的分类与处理，小学综合实践活动的案例分析. 全球教育展望，2002(2)：36-37.

（二）案例分析

综合实践活动课程是一门高度整合的综合课程，又是强调学生主动参与的活动课程。它以问题的解决为线索，使学生在活动中获得直接经验，增强实践能力，在活动中学习知识，开阔视野。“垃圾的分类与处理”一课恰到好处地体现了综合实践活动的特点。

（1）活动体现了课程的综合化。纵观从“研究垃圾”的问题的提出到“垃圾分类”方案的解决这一过程，学生对问题的兴趣源自一张宣传单，之后学生到小区考察垃圾处理情况，产生了解决垃圾分类处理的想法，最后通过设计宣传图案来解决垃圾分类的问题。整个过程不是以某一学科的知识为线索，而是根据实际问题的解决过程来展开，学生在解决问题的过程中，通过设计问卷学会了问卷分析的方法，在发放问卷的过程中积累了一些社会常识，并锻炼了自己的语言表达能力，在与“3D”公司谈判的过程中也受到锻炼，同时，“3D”的成员也发挥了他们的美术特长。学生在活动过程中，综合运用了数学、语文、美术等学科的知识，在活动中掌握了访谈、问卷设计、调查、统计、分析的方法，体现了课程的综合化趋势。

（2）活动有利于学生实践能力的培养。在活动中，学生有了和社会“面对面”的机会，学生到小区对垃圾处理情况进行实地考察，在教师的指导下，自己设计问卷，到公共场所访谈、调查，与广告公司谈判，设计广告语，到垃圾处理厂参观，孩子们走入社会，用自己的实际行动支持垃圾分类处理的环保措施，孩子在亲身实践的活动过程中学习知识。整个活动一环扣一环地展开，既体现了学生的问题意识，又给学生提供了学会在实际生活中解决问题的空间，使学生不断提高实践能力，提高整合知识、运用知识的能力。

（3）活动有利于拓宽学生的视野。整个活动过程中，学生既运用了书本知识，运用了数学统计的方法、美术设计等方法解决问题，同时又学到了许多书本上学不到的知识，比如总结人际交往的技巧，在实际谈判中总结经验以及在整个活动过程中获得的情感体验。这一切都拓宽了学生的视野，增加了学生的阅历。

三、思想资源库

新课程结构的主要内容

1. 整体设置九年一贯的义务教育课程。小学阶段以综合课程为主。小学低年级开设品德与生活、语文、数学、体育、艺术(或音乐、美术)等课程;小学中高年级开设品德与社会、语文、数学、科学、外语、综合实践活动、体育、艺术(或音乐、美术)等课程。初中阶段设置分科与综合相结合的课程,主要包括思想品德、语文、数学、外语、科学(或物理、化学、生物)、历史与社会(或历史、地理)、体育与健康、艺术(或音乐、美术)以及综合实践活动。积极倡导各地选择综合课程。学校应努力创造条件开设选修课程。在义务教育阶段的语文、艺术、美术课中要加强写字教学。表 2 为我国九年一贯的义务教育课程的整体设计及比例。

2. 高中以分科课程为主。为使学生在普遍达到基本要求的前提下实现有个性的发展,课程标准应有不同水平的要求。在开设必修课程的同时,设置丰富多彩的选修课程,开设技术类课程。积极试行学分制管理。

3. 从小学至高中设置综合实践活动并作为必修课程,其内容主要包括:信息技术教育、研究性学习、社区服务与社会实践以及劳动与技术教育。强调学生通过实践,增强探究和创新意识,学习科学研究的方法,发展综合运用知识的能力。增进学校与社会的密切联系,培养学生的社会责任感。在课程的实施过程中,加强信息技术教育,培养学生利用信息技术的意识和能力。了解必要的通用技术和职业分工,具有初步技术能力。

4. 农村中学课程要为当地社会经济发展服务,在达到国家课程基本要求的同时,可根据现代农业发展和农村产业结构的调整因地制宜地设置符合当地需要的课程,深化"农科教相结合"和"三教统筹"等项改革,试行通过"绿色证书"教育及其他技术培训获得"双证"的做法。城市普通中学也要逐步开设职业技术课程。

资料来源：朱慕菊.走进新课程——与课程实施者的对话.北京：北京师范大学出版社，2002：18-19.

我国九年一贯的义务教育课程的整体设计方案

表1 义务教育课程设置表

<table>
<tr><th colspan="10">年 级</th></tr>
<tr><td rowspan="11">课程门类</td><td>1</td><td>2</td><td>3</td><td>4</td><td>5</td><td>6</td><td>7</td><td>8</td><td>9</td></tr>
<tr><td colspan="2" rowspan="3">品德与生活</td><td colspan="4" rowspan="2">品德与生活</td><td>思想品德</td><td>思想品德</td><td>思想品德</td></tr>
<tr><td colspan="3">历史与社会（或历史、地理）</td></tr>
<tr><td colspan="4">科学</td><td colspan="3">科学（或生物、物理、化学）</td></tr>
<tr><td>语文</td><td>语文</td><td>语文</td><td>语文</td><td>语文</td><td>语文</td><td>语文</td><td>语文</td><td>语文</td></tr>
<tr><td>数学</td><td>数学</td><td>数学</td><td>数学</td><td>数学</td><td>数学</td><td>数学</td><td>数学</td><td>数学</td></tr>
<tr><td colspan="2"></td><td>外语</td><td>外语</td><td>外语</td><td>外语</td><td>外语</td><td>外语</td><td>外语</td></tr>
<tr><td>体育</td><td>体育</td><td>体育</td><td>体育</td><td>体育</td><td>体育</td><td>体育</td><td>体育</td><td>体育</td></tr>
<tr><td colspan="9">艺术（或音乐、美术）</td></tr>
<tr><td colspan="2"></td><td colspan="7">综合实践活动</td></tr>
<tr><td colspan="9">地方与学校编制的课程</td></tr>
</table>

表2 义务教育课程设计及比例

	年级									九年课时总计
	1	2	3	4	5	6	7	8	9	
课程门类	品德与生活	品德与生活	品德与社会	品德与社会	品德与社会	品德与社会	思想品德	思想品德	思想品德	7%—9%
							历史与社会（或历史、地理）			3%—4%
			科学	科学	科学	科学	科学（或生物、物理、化学）			7%—9%
	语文	语文	语文	语文	语文	语文	语文	语文	语文	20%—22%
	数学	数学	数学	数学	数学	数学	数学	数学	数学	13%—15%
			外语	外语	外语	外语	外语	外语	外语	6%—8%
	体育	体育	体育	体育	体育	体育	体育与健康	体育与健康	体育与健康	10%—11%
	艺术（或音乐、美术）									9%—11%
			综合实践活动							10%—12%
	地方与学校开发或选用的课程									10%—12%
周总课时数	26	26	30	30	30	30	34	34	34	274
学年总学时	910	910	1050	1050	1050	1050	1190	1190	1122	9522

资料来源：朱慕菊.走进新课程——与课程实施者的对话.北京：北京师范大学出版社，2002：24.

中、日、韩义务教育阶段主要课程比较

本国语（课时数/百分比）

年级 国别	1	2	3	4	5	6	7	8	9
日本 （2000）	272 35%	280 33%	235 36%	235 25%	180 19%	175 18%	140 14%	105 11%	105 11%
韩国 （1999）	210 27%	238 28%	238 28%	204 25%	204 25%	204 19%	204 19%	170 14%	170 14%
中国 （1992）	306 33%	306 32%	306 30%	272 27%	238 23%	238 23%	204 18%	170 15%	170 15%

数学（课时数/百分比）

年级 国别	1	2	3	4	5	6	7	8	9
日本 （2000）	114 15%	155 18%	150 17%	150 16%	150 16%	150 16%	105 11%	105 11%	105 11%
韩国 （1999）	120 15%	136 16%	136 14%	136 13%	170 17%	170 17%	136 11%	102—136 9%—11%	102—136 9%—11%
中国 （1992）	136 15%	170 18%	170 17%	170 17%	170 17%	170 17%	170 15%	170 15%	136 12%

自然科学（课时数/百分比）

年级 国别	1	2	3	4	5	6	7	8	9
日本 （2000）	—	—	70 8%	90 10%	95 10%	95 10%	105 11%	105 11%	80 8%
韩国 （1999）	—	—	102 11%	136 13%	136 13%	136 13%	102 9%	102—136 9%—11%	102—136 9%—11%
中国 （1992）	34 4%	34 4%	34 3%	34 3%	68 7%	68 7%	153 14%	136 12%	192 18%

社会科学(课时数/百分比)

年级 国别	1	2	3	4	5	6	7	8	9
日本 (2000)	—	—	70 8%	85 9%	90 10%	100 11%	105 11%	105 11%	85 9%
韩国 (1999)	—	—	102 11%	102 10%	136 13%	136 13%	102 9%	68—102 6%—8%	68—102 6%—8%
中国 (1992)	—	—	0 0	68 7%	68 7%	68 7%	153 14%	136 12%	64 6%

体育与健康(课时数/百分比)

年级 国别	1	2	3	4	5	6	7	8	9
日本 (2000)	90 12%	90 11%	90 10%	90 10%	90 10%	90 10%	90 9%	90 9%	90 9%
韩国 (1999)	60 8%	60 7%	102 11%	102 10%	102 9%	102 9%	102 9%	102 8%	102 8%
中国 (1992)	68 7%	68 7%	102 10%	102 10%	102 10%	102 10%	68 6%	68 6%	64 6%

(注)社会科学课和体育与健康课分别与我国的思想品德课和体育课相对应。

从比较中不难发现,我国的语文、数学和社会等科目所占的比重高于日、韩两国,而社会科学、体育与健康则低于这两个国家。此外,日本制订的新的课程计划中还增设了"综合学习时间",韩国也设有多种综合课程的具体科目,但在我国却没有综合课程的具体科目。

资料来源:钟启泉,崔允漷,张华.基础教育课程改革纲要(试行)解读.上海:华东师范大学出版社,2001:65-66.

我国课程结构的调整

针对原有的课程结构单一的状况,在新的学校课程结构中设计了与学科课程相对应的经验课程,与分科课程相对应的综合课程,与必修课程相对应的选修课程，并为开发与国家课程相对应的地方课程和校本课程提供了较大的空间。学校课程类型的有机结合将有助于学生的全面发展。针对原有课程结构中科目比例失衡的状况，新的课程计划分别将语文所占的比重由原来的24%(1992年)降至20%—22%，将数学由原来的16%(1992年)降至13%—15%，并对其他传统优势科目所占的比重进行了适当的下调。同时，将下调后积累下来的课时量分配给综合实践活动和地方与校本课程。其中，综合实践活动拥有了6%—8%的课时，地方与校本课程拥有了10%—12%的课时。显然，学校课程体系中具体科目比重关系的调整折射出我国开展此次基础教育课程改革的基本思想，即重点培养和发展学生的创新意识与能力、收集和处理信息的能力、主动和自主获取新知识的能力、分析与解决问题的能力、交流与合作的能力以及对自然环境和人类社会的责任感与使命感。

资料来源：钟启泉，崔允漷，张华.基础教育课程改革纲要(试行)解读.上海：华东师范大学出版社，2001：68-69.

新课程与现行课程的比较(各学科课时数)

现行课程		新课程
思想品德	404	416
语文	2200	1850—2126
数学	1486	1200—1386
外语	400	555—740
科学	865	752—937
社会	557	525—615
体育与健康	744	832—1017
艺术	1016	832—1017

资料来源：朱慕菊.贯彻落实《国务院关于基础教育改革与发展的决定》大力推进基础教育课程改革，2003-3-26.

综合课程

综合课程与分科课程相对立，综合课程是一种双学科或多学科的课程模式，它强调学科之间的内在联系性，强调不同学科的相互整合。单从学科本身的发展来看，分科课程与综合课程两种课程组织形式各有其存在的价值，因为学科的发展呈现分化和综合并驾齐驱的趋势。

本次课程改革在义务教育阶段设置的综合课程如下：

品德与生活（1—2 年级），它从低年级儿童的生活经验出发，其内容涵盖了品德教育、劳动教育、社会教育和科学教育；提倡儿童的自主实践活动，学习健康安全的生活，养成良好的习惯。

品德与社会（3—6 年级），它根据学生社会生活范围不断扩大的实际，从学生品德形成、社会认识的需要出发，以人与他人、人与社会、人与自然为主线，将爱国主义和集体主义教育、品德教育、行为规范和法制教育、历史和地理教育、国情教育以及环境教育等融为一体。

科学（3—6 年级），课程的培养目标是通过小学科学课程的学习，知道与周围常见事物有关的浅显的科学知识，并能应用于日常生活，逐渐养成科学的行为习惯和生活习惯；了解科学探究的过程和方法，并尝试应用于科学探究活动，逐步学会科学地看问题、想问题；保持和发展对周围事物的好奇心与求知欲，形成大胆想象、尊重证据、关于创新的科学态度，关心科技的新发展。

历史与社会（7—9 年级），课程将给予学生必要的人文社会科学基础知识的技能，在学习中引导学生体验探究的过程和方法，引导学生正确面对人生和社会发展的各种问题，成为社会主义中国的合格公民。

艺术（1—9 年级），课程的培养目标是了解各艺术学科基本的艺术语言和表达方式，运用多种工具材料进行艺术表现和艺术创造；通过艺术活动发展个人潜能，提高生活情趣，健全人格，使艺术能力与人文素质得到综合发展。

体育与健康（7—9 年级），课程融合了体育、生理、心理、卫生保健、环境、社会、安全、营养等诸多学科领域的有关知识，真正关注学生的健康意识、锻炼习惯和卫生习惯的养成，将增进学生健康贯穿于课程实施的全过程，确保“健康第一”思想落到实处，使学生健康成长。

资料来源：朱慕菊．走进新课程——与课程实施者的对话．北京：北京师范大学出版社，2002：26-27.

新课程与现行课程的比较(1、2年级)

<table>
<tr><td colspan="2">现行课程</td><td colspan="4">新课程</td></tr>
<tr><td>1年级</td><td>2年级</td><td colspan="2">1年级</td><td colspan="2">2年级</td></tr>
<tr><td>思想品德</td><td>思想品德</td><td colspan="2" rowspan="2">品德与生活</td><td colspan="2" rowspan="2">品德与生活</td></tr>
<tr><td>自然</td><td>自然</td></tr>
<tr><td>语文</td><td>语文</td><td colspan="2">语文</td><td colspan="2">语文</td></tr>
<tr><td>数学</td><td>数学</td><td colspan="2">数学</td><td colspan="2">数学</td></tr>
<tr><td>体育</td><td>数学</td><td colspan="2">数学</td><td colspan="2">数学</td></tr>
<tr><td>音乐</td><td>音乐</td><td rowspan="2">艺术</td><td>音乐</td><td rowspan="2">艺术</td><td>音乐</td></tr>
<tr><td>美术</td><td>美术</td><td>艺术</td><td>艺术</td></tr>
<tr><td colspan="2">活动类、地方安排课程</td><td colspan="4">地方与学校编制的课程</td></tr>
</table>

资料来源：朱慕菊．贯彻落实《国务院关于基础教育改革与发展的决定》大力推进基础教育课程改革，2003-3-26.

综合实践活动

综合实践活动课程是基于学生的直接经验、密切联系学生自身生活和社会生活、体现对知识的综合运用的课程形态。这是一种以学生经验与生活为核心的实践性课程。它具有整体性、实践性、开放性、生成性、自主性五个特征。《基础教育课程改革纲要（试行）》中作如下阐述：从小学至高中设置综合实践活动课程并作为必修课程，其内容主要包括：信息技术教育、研究性学习、社区服务与社会实践以及劳动与技术教育。

研究性学习是指学生基于自身兴趣，在教师指导下，从自然、社会和学生自身生活中选择和确定研究专题，主动地获取知识、应用知识、解决问题的学习领域。研究性学习强调学生通过实践，增强探究和创新意识，学习科学方法，发展综合运用知识的能力。学生通过研究性学习活动，形成一种积极的、生动的自主合作探究的学习方式。

社区服务与社会实践是指学生在教师指导下，走出教室，参与社区和社会实践活动，以获取直接经验、发展实践能力、增强社会责任感为主旨的学习领域。通过该学习领域，可以增进学校与社会的密切联系，不断提升学生的精神世界、道德意识和实践能力，使学生人格臻于完善。

劳动与技术教育是以学生获得积极劳动经验、形成良好技术素养为主的，以多方面发展为目标且以操作性学习为特征的学习领域。它强调学生通过人与物的作用、人与人的互动来从事操作性学习，强调学生动手与动脑相结合。通过该领域使学生了解必要的通用技术和职业分工，形成初步的技术意识和技术实践能力。

信息技术不仅是综合实践活动有效实施的重要手段，而且是综合实践活动探究的重要内容。信息技术教育的目的在于帮助学生发展适应信息时代需要的重要的信息素养。这既包括发展学生利用信息技术的意识和能力，还包括发展学生对浩如烟海的信息的反思和辨别能力，形成健康向上的信息伦理。

以上四个方面是国家为帮助学校更好地落实综合实践活动而特别指定的领域，而非综合实践活动内容的全部。四大指定领域在逻辑上不是并列关系，更不是相互割裂的关系。研究性学习作为综合实践活动的基础，倡导探究的学习方式，这一方式渗透于综合实践活动的全部内容之中。另一方面，“社区服务与社会实践”“信息技术教育”“劳动与技术教育”则是研究性学习探究的重要内容。所以，在实践过程中，四大指定领域是以配合的形态呈现的。

资料来源：钟启泉，崔允漷，张华. 基础教育课程改革纲要(试行)解读. 上海：华东师范大学出版社，2001：73、78-79.

德国的劳动技术课

德国十分强调和重视基础教育中的劳动技术教育，把它视为学生职业生活和社会生活的重要准备和基础，精心设计，并贯穿在基础教育的全过程。

德国小学劳动教育的课程名称不一，一般叫“常识课”。如巴伐利亚州小学常识课每周4节，其中2节为史地、自然常识，2节为手工劳作。1—4年级手工劳作的教学内容包括纸工、编织、木工、陶器等。

德国中学（初中）的劳动技术教育，一般由“劳动学课”和“操作课”组成。前者讲授生产劳动和就业的理论和知识，内容包括：劳动的含义（其中要讲到马克思的思想）；劳动的价值与报酬；就业问题；劳动的法律（如违法的“黑工”问题）；生产、工序、效益；工人的基本素质；安全保护、环境保护等等。

操作课又分必修和选修两类。如柏林蔡斯中学7—10年级，必修内容包括：办公技术、制图、打字、财会、职业指导、销售（消费）。选修内容，7、8年级有：缝纫、家政、电子、木工。9年级有：塑料加工、材料检查等技术类，家政、财会、社会等非技术类。10年级有：电器类、护理类、商业类、管理类。操作课的教学内容有3项颇有特色，即家政、办公技术和职业指导。

资料来源：周正．德国：中小学的劳动技术课．中国教师报，2003-9-10.

绿色证书“教育”

此次课改明确提出：农村中学课程要为当地社会经济发展服务，在达到国家课程基本要求的同时，可根据现代农业发展和农村产业结构的调整因地设置符合当地需要的课程，深化“农科教相结合”和“三教统筹”等项改革，试行通过“绿色证书”教育及其他技术培训获得“双证”的做法。所以试行“绿色证书”教育及其他技术培训是改革农村普通中学课程结构的重要组成部分。

农村普通中学试行“绿色证书”教育及其他技术培训，是本次课程改革的一个重大举措，充分体现了新课程的综合性、实践性、针对性和时代性。作为一门综合性的课程，它强调多学科的渗透，包含了生物、物理、化学和环境科学等自然科学以及经济学、管理学等多方面的知识。作为一门实践性的学科，它绝不能局限于课程的教学和知识的灌输，而要把实际操作摆在十分重要的位置，二者的课时比例一般以6∶4为宜。在课程内容选择上，要十分注意适应当地的需要和反映当今农业科技发展的新成果。作为一门针对性、实践性很强的综合课程，它可以作为地方课程或校本课程来开发，也可以融入综合实践活动中的劳动与技术教育的学习领域中去，以避免增加学生的课业负担。

资料来源：朱慕菊.走进新课程——与课程实施者的对话.北京：北京师范大学出版社，2002：46-47.

“绿色证书”燎原山城重庆

重庆市教委近几年来花大力气进行农村初中课程改革，推行“绿色证书”教育，探索出了一条控制农村初中学生流失的有效途径。

为改变农村初中学生辍学率高、升学率低、务农无技术的状况，1994年，重庆市教委选择了潼南县玉溪镇初级中学进行“绿色证书”教育课程改革实验，在传授文化知识的同时，开展农业技术培训和实践。实践表明：“绿色证书”教育营造了“升学有前途、务农有奔头”的校园文化氛围，促进了当地义务教育的普及与提高，也增强了农村初中的办学活力。为推广潼南县的农村初中课程改革实验成果，重庆市于1999年2月开始了“绿色证书”教育第二轮实验。2000年2月，重庆市发出《关于在农村初中进行绿色证书教育的通知》，从课程、课时、教材、师资、基地、管理等六方面提出了明确的要求。目前，“绿色证书”教育改革实验成果，已推广应用于全市40个区县（自治县、市）的300余所农村初中学校，接受“绿色证书”教育的学生达到10万多人。计划到2003年，全市所有农村初中将全部开展“绿色证书”教育。

资料来源：左益.“绿色证书”燎原山城重庆.中国教育报，2001-9-18.

传统艺术走进中小学选修课

如今中小学生的选修课究竟学什么？不问不知道，一问，真让人吃惊：与升学不搭界的传统艺术，开始进入中小学选修课堂，昆曲、京剧、武术，甚至茶道，都成了中小学生的选修内容。

今年，江苏教育学院附中新开了昆曲选修课，专门请省昆剧院的艺术家作指导老师，讲授昆曲的背景知识，还手把手辅导学生"唱念做打"。一学期选修课上下来，学生们反映既新鲜又长见识。

将京剧引入课堂的学校就更多了。外国语学校、南师大附中、金陵中学、南京一中、南大附中等学校，都将京剧列为学生的选修课之一，游府西街小学、秦淮一中心小学、江宁新区小学也进行了这方面的兴趣教育。在省教育厅举办的江苏省中小学师生戏曲比赛中，南大附中、九中、成贤街小学都获得了一等奖，九中、南大附中的演出受到了全国各地京剧票友的好评。

有的学校设置的选修课，还涉及一些"冷门"的艺术，比如古乐器"埙"、古代编钟。还有的学校鼓励学生接触国外传统艺术，多层次了解国际文化背景，南京外校、宁海中学、双塘小学等校先后开设过日本茶道、油画、击剑等课程，大大拓展了学生的视野。教育专家认为，传统艺术的熏陶对学生的成长会有潜移默化的作用，对提升学生的个人素质有很大好处。

资料来源：刘焱，沈广东．传统艺术走进中小学选修课．南京日报，2002-12-15.

选修课"选"出学校特色

相对固定的必修课程存在着吸纳现代教育信息慢、关注学生个性发展不够等不足。北京市宣武区高中学校看准选修课的灵活优势，在开齐开足必修课的前提下陆续推出了各具特色的选修课。选修课不但带来了学生视野、知识、能力等方面的进步，同时也为研究性学习、"3＋X"考试改革和高中课程改革提供了基础。

踢足球时，是不是像一般人说的那样，将球射向球门的四角，进球的可能性最大？北京15中的严悦同学对1994年巴乔踢飞的那一记点球和他那沮丧的神情产生了浓厚的兴趣，高二时，他运用从选修的数学知识应用科技活动中学到的数学建模知识及物理知识，写出《数字化点球》的论文，对这一问题下了个初步结论。不仅严悦，他的同学用数学建模知识，还研究了“计划性升血——挽救更多的生命”、“主表与日晷原理的数学分析——高中几何知识的应用”、“中央空调冷却循环水系统水质控制和处理方法的讨论”、“乒乓球打法的数学分析”、“110巡警站位置的合理安排”等问题。数学知识应用形成了15中选修课的特色，同时也促进了学校数学教学的改革和教学质量的提高。

北京华夏女中从5年前就开始实验在开齐开足各种规定课程的前提下，在高中试开“成才女性”等8门特色选修课，由此初步确定了学校的特色课程体系，包括女性心理、艺术鉴赏、形体礼仪、家政技能、女子防身等内容的选修课分布在高中3个年级，都列为必选课，随班授课。4年一轮实验后，为解决特色选修课内容不够充实、涵盖面过窄、新科技知识少、统统作为必选课使学生几乎没有选择余地等缺欠，该校新一轮开设的特色选修课一年前增加到40门，包括现代女性修养类、人文基础类、科技探究类、艺术体育类等，这些课程充分体现了女中的特色。

资料来源：苏婷. 选修课“选”出学校特色. 中国教育报，2002-5-5.

我喜欢我选择

——一套高中选修课教材引发的思考

“真过瘾！”这是北京某校高一年级的林林同学在上了他高中第一节选修课后说的第一句话。

随着我国新一轮课程改革的逐步进行，有越来越多的同学开始享受到像林林一样的兴奋，他们普遍认为选修课内容更加有趣、生动，课堂开放程度高，“上一堂选修课感到思维驰骋得很远”，“更关键的是，我喜欢，所以我选择”。

自20世纪初开始，课程选修制已成为现代基础教育的重要支柱，正确处理必修课程与选修课程之间的关系成为世界课程改革的重要课题。通过必修课来实现“基础分流”，通过选修课来充分发挥学生的个性特长，实现“差异发展”，这几乎已经成了教育界的共识。

在这样的背景下，国内高中选修课得到了前所未有的重视，并成为新一轮课程改革中的一个重点，但限于各种条件，高中选修课的开展也遇到了许多困难。其中没有稳定合适的图书作为选修课的教材就是突出的矛盾之一。当前，很多单一地区和学校没有足够的人力、财力去开发、编写一套优秀的高中选修课教材。为了缓解这种矛盾，由上海科技教育出版社、浙江教育出版社、福建教育出版社、江西教育出版社等4家教育专业出版社，联合开发了一套20本《新一轮课程改革高中选修课教材》，充分体现了教育部新颁布的《普通高中课程方案》和《普通高中课程标准》的精神。

资料来源：徐启建．我喜欢我选择——一套高中选修课教材引发的思考．中国教育报，2003-8-14.

高中课程改革迈出重要一步

——广州高中选修课今秋实行学分制

记者从广州市教育局获悉，从今年秋季新学期开始，广州市的高中生将启用语文、数学、英语和综合四学科的全新选修课教材，并将对选修课实行学分制评估。这是广州高中课程改革将迈出的重要一步。

据了解，全新的选修课本的内容偏重于培养学生的实际应用能力，如语文科将开设口语、应用写作和阅读三门课程，其中口语课程涉及“交谈”、“演讲”和“论辩”的基本技巧；应用写作则讲解如何写旅游指南、贺词、实验报告、市场调查等应用文体；阅读则包括现代文阅读和文言文阅读两部分。

除了培养学生的实际应用能力外，全新的选修教材还在一定程度上弥补了必修教材内容和学生个性发展上的不足，主要是针对必修课中没有深入展开的内容而开设相应的专题，供学有余力的同学继续作研究性学习。如在数学选修教材中将深入介绍“数学建模”这一在必修教材中没有展开讲解的内容，让对此问题感兴趣的学生可以运用数学工具解决实际问题，从而大大提高学生学习数学的兴趣。

据广州市教育局有关人士介绍,为避免选修课内容对学生造成“增负”,教材内容均以专题或模块的形式展开,学生可根据自己的喜好选择相应内容。如有的学生只对数学选修课的某一章节感兴趣,那他完全可以只选择有关这一章节的内容课程去上,而不用学完整本书。据了解,为了让选修课的上课和考核形式更加灵活,教育部门还打算对选修课实行学分制评估,修够一定成绩和学分便可以承认对某学科内容的掌握程度。

据悉,这套高中选修课教材是由广州、天津、重庆、南京、长春、武汉和成都7个城市合作编写的。这套教材今秋除围绕语文、数学、英语和综合科推出15本教材外,还计划明年完成物理、化学、生物、地理、历史、政治等科的30本教材,至2004年陆续推出大约50本左右的选修教材,内容涉及高中阶段的10多门学科。

资料来源:刘茜.广州高中选修课今秋实行学分制.中国教育报,2002-3-13.

提供五种学习经历　建立八大学习领域
扩大学校选择权限

——上海“二期课改”进入整体试验阶段

上海已进入中小学二期课程改革整体试验阶段。“二期课改”的核心就是要改变以往由学生适应课程的被动局面,建立起让课程适应并促进每一位学生发展的现代课程体系。“这将带来课程理念、课程结构、课程内容、评价体系、学习方式等一系列重大变革,也是实现2010年上海基础教育进入世界一流水平目标的重要标志。”上海市教委教研室主任王厥轩告诉记者。

“二期课改”是基于上海这座国际化大都市对市民的要求和对经历“一期课改”后教育现状的反思而实施的,因此它在课程理念上实现了突破性变革,即树立起课程是为学生提供学习经历并获得学习经验的观念;以学生发展为本,构建体现时代特征和上海特点的课程体系;以德育为核心,强化科学精神和人文精神的培养;以学习方式的改变为突破口,重点培养学生的创新精神和实践能力;加强课程的整合,促进课程各要素间的有机联系。

新课程方案提出课程要向学生提供"五种学习经历"的新概念，就是要通过提供品德形成和人格发展、潜能开发和认知发展、体育与健身、艺术修养和发展、社会实践等五大方面的经历，注重学生的全面发展，真正实现学生由学校人向社会人的转化。

方案同时提出，要建立相应的语言文学、数学、自然科学、社会科学、技术、艺术、体育与健身、综合实践等八大学习领域课程；课程由基础型课程、拓展型课程和研究型课程三类构成，并各有不同的实施形态；自然、社会和艺术三个学习领域要建立综合与分科相连贯的课程格局；不同类型的课程和不同学科制订不同的课程标准。这样，上海的中小学生今后将实现想学什么就能找到相对应的课程，让课程适应学生，使课程的选择性和自由度更大。

另外，方案还提出，课程实施国家、地方与学校三级管理，增大学校对课程的开发与选择权限。市教委有关负责人介绍说，今后教学计划不再统一颁布，而是由学校制订出个性化方案；除基础型、拓展型和研究型三类课程外，还特意留出 6%至 7%的课程空间，由学校根据自身情况和学生特点自主设计研发，这比原先学校仅具有实施功能迈进了一大步。

资料来源：沈祖芸．提供五种学习经历　建立八大学习领域　扩大学校选择权限．中国教育报，2002-9-25.

四、问题与思考

案例一：我们的动物朋友

（一）演一演

学生戴头饰扮各种动物，在音乐伴奏下，自由模仿各种动物的声音、动作进行表演。

师："小朋友好！今天你们都戴了好多的动物头饰来，现在我们就来扮成可爱的小动物。请小朋友戴好头饰，可以互相帮助。请小动物们起立，我们跟着音乐一起来表演吧！"（放音乐）

（二）学一学，说一说

请部分同学给大家介绍：你是谁？怎么叫？爱做什么动作？

如:我是一只漂亮的孔雀;我是一只小花猫,喵——,喵——;我是一只小鸡,叽叽叽。

(三)游戏“动物唱歌”

1. 在投影仪上打出小猫头像,请学生边模仿小猫的叫声边画出线条,请一名学生边听大家学小猫叫,边把自己刚才画的线条画在投影仪上。用同样的方法分别进行小青蛙、小鸡的叫声练习。

2. 把学生分成三组,一组扮小猫、一组扮青蛙、一组扮小鸡,先请小猫找朋友与它们一起唱歌,进行小猫和青蛙的合唱练习,再请小猫交换朋友进行小猫和小鸡的合唱练习,然后请小青蛙找不同的朋友进行青蛙和小鸡的合唱练习。

(四)唱一唱《什么动物出来玩》

1. 师:“小动物们唱着歌高兴地出来玩了,听,你能用歌声回答老师的问题吗?”师唱:“什么动物出来玩,跳呀跳,跳呀跳,什么动物出来玩,跳呀,跳呀跳。”

学生接唱:“小小兔儿出来玩,跳呀跳,跳呀跳,小小兔儿出来玩,跳呀,跳呀跳。”

师:“你还知道哪些动物是跳着出来玩的?你能编新歌词吗?”请个别学生编唱,其他同学跟唱。

2. 再以同样的方法编唱:“什么动物出来玩,飞呀飞……”

3. 扩展:“你还能编唱其他动物走着出来玩、跑着出来玩、游着出来玩吗?”学生自由编唱,相互交流。

(五)编讲故事

师:“小动物们都出来玩了,他们在大森林里玩得非常快乐。你能讲讲小动物的故事吗?”

请学生根据自己的画编讲小动物在森林里的故事。

(六)设计“乱砍滥伐森林”的情景

师(出示课件):“对,大森林是小动物们的家,小动物是我们人类的朋友和伙伴。瞧,他们唱歌、跳舞、做游戏,生活得多幸福呀!可有一天,小动物们再也不快乐了,听,森林里发生了什么事?”

请同学听推土机、伐木及树倒的声音。

学生边回答问题边出示教材相关图。

教师引导学生观察,森林被毁,动物们的命运又如何呢?你想替大树和动物对人们说些什么呢?

(七)铺设悬念

师:"瞧,一只鸟儿没有了家,它伤心地飞离了这片森林,我们一起随这只鸟儿去看看它会飞到哪儿去。"

资料来源:宾昌菊.我们的动物朋友.新课程优秀教学设计与案例(小学综合卷).海南:海南出版社,2002:137-140.

思考与讨论

1.这节课中,教师综合运用了哪些学科的知识?分别采用什么方式?

2.你认为这节课学生会有什么收获?

3.如果你是这节课的设计者,你会怎样设计这节课?

案例二:10 年课改路——吉林省松江河林业局实验小学课改纪实

吉林省松江河林业局实验小学从 1991 年开始着手改革小学课程,经过 10 年的探索与实践,建立起了三级课程体系。

松江河林业局实验小学,坐落在长白山天池西麓约 50 公里的茫茫林海之中。一方面大一统的教材不符合林区儿童身心各异的发展需要,造成学生厌学;另一方面学生上课时间与林区职工山上作业时间不同步,学生每天约有 5 个多小时滞留在社会上,常有事故发生。当地林业局多次建议学校早、午、晚增设有益于儿童身心健康的选修课或活动课,以缓解基础教育与林业生产的矛盾。鉴于上述种种原因,学校于 1991 年开始了林区小学三级课程结构改革的实验。

改革学科课程,建立以国家为主,地方和学校为辅的课程体系。针对学科教材繁、难、偏、旧及其课程资源严重脱离山区学生的实际的状况,学校首先对语文课实施换血,即删掉语文教材中与时代不相吻合的内容,换上了学生喜爱的科普内容。1991 年到 1992 年两年间,删掉了 25 篇旧文章,补充了 25 篇新课文。二是调整数学课,打乱教材编排体系,坚持按由易到难的螺旋式认知规律重新编排教学计划,变过去"模模糊糊一大片",为"清清楚楚一条线"。三是增减外语课,减掉 25%的传授认知时间,增加 25%的训练时间。四是增、改、换音体美课。体育课针对林区儿童发育特征，引进了体能体育；音乐课则把教材中的有关歌词改换成具有长白山林区特色的内容；美术课增加插花、根雕等林区生产与生活内容。五是将思品、自然、社会三课合并成社科课。

增设选修课程，建立具有林区特色的地方课。学校根据地方可适当设置选修课的有关精神和长白山林区人民生活和现代生产不断发展的需要，在坚持改革学科课的基础上，增设了以长白山区课程资源为主的、具有长白山林区特色的林业常识、少儿卫生常识、围棋常识等6门地方课。

构建活动课程，建立以学生资源为主体和以学生为主人的校本课。校本课虽然是整个课程建设中的薄弱环节，但却是学校师生和当地生产生活最急需的部分。为此，学校根据儿童爱玩、爱美、爱动等天性，建立了艺术类、手工类、体育类、科技类、健美类等5类活动课。

新的课程体系，变过去课程结构的单一化为多元化，显示了五种功能。一是学科课的基础性功能。改革后的学科课，由过去的9科减少到7科；课时也减少了，以5年级为例，一学期减少50课时，加之增强地方特色，学生愿意学，能学会。1996年以来学生五率均达到100%。二是三级课程的层次性功能，促进了学校德育的实效性。小学生从校本课活动的相互影响和作用中逐步懂得，只有从爱他人、爱家乡的小事做起，才能做到爱人民、爱祖国，这种由低到高、由小到大的认知规律，使学校德育取得明显的实效性。三是地方课程的衔接性功能，发挥了三级课程互补互动作用。学校自编的6类选修课，既有鲜明的林区特色又适应了儿童个人兴趣和接触社会的不同需要，对上成为国家级课程资源的补充，对下则成为地方课程资源的主体。四是校本课的活动与实践功能，发展了学生的个性和特长。松林实小为校本课制定的5大类23项活动发挥了两种作用。首先是弥补了学科课注重传授知识，缺少实践和实验的不足；其次是发展了学生的个性与特长，仅1996年以来，学校在省、市及国家举办的不同项目的比赛中有69%的学生获奖。五是隐性课程潜移默化的影响功能，起到了显性课程所起不到的作用。

资料来源：杨明，杨振英.10年课改路——吉林省松江河林业局实验小学课

改纪实.中国教育报,2002-3-20.

思考与讨论

1.用课程结构改革理论解释松林实小的课程改革。

2.分析该校课程结构改革的特征。

3.谈谈你对该校课程结构改革的看法。

小结

课程结构是课程目标转化为教育成果的纽带,是课程实施活动顺利开展的依据。我国现行的课程结构,存在着较严重的不足。如在学校课程中学科课程占据主导地位,而经验课程则微乎其微;分科课程占据绝对主导地位,而综合课程则微乎其微;必修课程占据主导地位,而选修课程则微乎其微;国家课程备受关注,地方课程和校本课程则得不到实质性的开发等等。在实施这种单一的课程类型过程中,往往会造成注重发挥一种或几种课程类型价值的同时,忽视或放弃了其他课程类型在学生发展方面所具有的价值,而使学生片面发展。另外,学校课程中各具体科目之间的比重失衡,语文、数学等科目所占的比重过高,挤占了体育等其他学科的时间,直接影响了学生的身心健康和全面发展。

新一轮基础教育课程改革要求根据新课程的培养目标对现行课程结构进行调整,调整的主要任务和方向是优化课程结构。通过调整将扭转长期以来困扰我国的中小学课程类型单一、科目比重失衡的局面,从而实现学校课程类型多样化、具体科目比重均衡化的要求。

第4部分
课程内容

学习目标

1. 了解课程内容对社会发展与学生发展的价值。
2. 理解课程内容的生活化、时代性、生成性。
3. 课程标准与教学大纲的区别。

方向导引

改变课程内容"难、繁、偏、旧"和过于注重书本知识的现状，加强课程内容与学生生活以及现代社会和科技发展的联系，关注学生的学习兴趣和经验，精选终身学习必备的基础知识和技能。

——教育部文件：教基[2001]17号《基础教育课程改革纲要(试行)》

一、观点与原理

(一)学生有着鲜活的生活经验与体验

青少年一代获得自身发展的重要基础，是他们已有的生活经验、学习经验，过多强调学科知识的逻辑体系而忽视学生的经验，必然违反学生的身心发展规律。因此，加强课程内容与学生生活经验、体验的联系，激发学生的学习兴趣成为此次课程改革的目的之一。

学生在教育过程中不是一个抽象的"人"的存在，不是在时间与空间上与外界相隔离的人，学生在进入教育过程之前和在教育过程之中始终有着丰富的鲜活的生活经验与体验，有着学校生活的经验与体验，有着家庭生活的经验与体验，有着社会生活的经验与体验。一方面我们的教育教学不可能将学生的这些经验与体验剥离开，另一方面在教育过程中，教师传递的各种信息也必须借助于每个学生不同的经验与体验才能够在学生的头脑中扎根、发芽，为学生真正理解和掌握。这也是建构主义所强调的学习过程并不是简单的信息输入、存储和提取，而是新旧经验之间双向的相互作用过程。学生的学习活动是学生在自己原有背景知识的基础上完成新知识的意义建构。而背景知识是学生在日常生活中、在以往的学习生活中形成的，小到身边的衣食住行，大到宇宙、星体的运行，从自然现象到社会生活，他们都有一些自己的看法。这里值得注意的是，每一个学生的背景知识都是千差万别的，都有着鲜明的个性特征，教师在关注群体的共性经验之外，也要关注个体的不同经验与体验。

（二）课程内容要联系学生现实的生活世界

以往的课程内容过多地关注科学世界，忽略了人现实生活着的世界，从而在一定程度上导致课程内容的"难、繁、偏、旧"。新课程强调科学世界要回归于学生的生活世界，联系学生生活、联系社会及科技的发展，让课程内容走向自然、走向社会、走向儿童自我。

生活世界是人生活于其中的世界，是心与物统一的世界。既然是心与物相统一的世界，那么，生活世界就不仅包括外在的自然、社会，也包括人的自我世界。生活世界是具体、直观、丰富多彩的，它富于情景性、情感性和不规则性。与此相对应的是科学世界，科学世界是建立在数理——逻辑结构基础上的，由概念原理和规律规则构成。这个世界是从生活世界中抽象出来的，具有客观性、逻辑性、理性。当我们在阅读科学书籍特别是自然科学书籍时能够强烈地感受到这个世界的存在。科学世界与生活世界有着天然的内在联系，它们相互依存又相互影响。

以往的课程过多地关注科学世界，关注各门学科知识领域的发展与完善，课程内容脱离了学生的生活实际和社会实际，形成了“繁、难、偏、旧”的局面，烦琐、艰深、偏离学科基础、陈旧的课程内容，加重了学生的负担，也影响了学生的健康发展，学生生活在课堂与现实两个互不相干的世界中。针对于此，新课程强调科学世界回归生活世界，课程内容联系学生生活、联系现代社会的发展，让课程走向自然、走向社会、走向学生自我。走向自然意味着课程向自然界开放，探讨自然、“走近”并有机会“走进”自然，在感受、认识和探索自然的过程中，谋求人与自然的和谐与统一。走向社会意味着课程直接面向社会，与生活融为一体，关注社会的变化、生活中的问题，并有机会融入社会之中让学生亲身实践，使实践与生活成为学生个人发展的活的源头。走向自我意味着课程向自我开放，尊重学生个人的感受、体验和价值观念，关注学生的个人知识或自我知识。总之，回归生活世界的课程内容着重使学生处理好个人与自然、与他人、与社会以及与自我的关系。

(三)课程内容也要体现学科知识体系的逻辑性与完整性

课程回归生活，并不意味着课程对生活的简单复制，与学生的生活经验与体验相联系的课程内容是一种课程化了的生活，也应当体现学科知识体系的逻辑性和完整性。

学生在学校教育中要学习书本知识、间接经验，要面对科学世界，而这些间接经验、科学世界常常被分成几个学科、几个学习领域。在教育过程中，我们如果单纯强调学科知识体系的周全、严密与逻辑，就会陷入学科中心主义，导致课程内容与学生生活世界的割裂，学科凌驾于人之上，教学也只见学科不见人。同样，我们强调课程回归生活，课程内容联系学生的生活经验，也并不表示对学科的放弃，回到生活世界中的课程不是对现实生活的简单再现。作为进入课程的生活，也不是生活的零散片断、细枝末节，而是经过适当的加工与提炼，是一种课程化了的生活，具有教育意义的生活。也就是说，回归生活并不是与生活合一，课程既要联系学生的日常生活，又要与日常生活保持适当的距离，体现学科知识体系的逻辑性与完整性。

体现学科体系的逻辑性，要求教师在准确深刻把握学科知识体系的基础上对纷繁复杂、杂乱零碎的生活及生活经验进行辨别、梳理、加工、提取，用学科的逻辑性来引领学生对生活的认识与感悟，使原本看似不大相关的生活现象、生活经验在学科的知识体系中串起来，富于学科的条理。

关注学科体系的完整性，要求教师既不能故步自封，使学科走向自我封闭，同时又要求教师对学生的生活世界、生活经验加以引导。学生的生活世界、生活经验是一个相互缠绕的整体，很难在其中分辨和区分出哪部分是数学经验、哪部分是语文经验、哪部分又是关于艺术的生活经验，各种生活经验通常交叉、缠绕、融合在一起。在课程内容回归生活、走向开放的过程中，教师要从不同的学科角度对同一生活、同一生活经验进行剖析，使学生感受到生活中的数学、生活中的语文、生活中的艺术、生活中的科学，在注意相关知识综合、交叉、融合的同时保持学科体系的相对完整性。

（四）课程内容是师生共同开发与创生的

联系学生现实生活世界的课程是动态、变化的课程，教师、学生不是单纯的课程的执行者与接受者，而是课程内容的开发者、创生者。课程与教学也不再是对立、机械、单向联系的两个事物，而是相互促进、彼此相融的一体。

传统意义上，人们习惯于将课程视为“制度课程”（专家研制、官方颁布）、“文本课程”（体现为教学计划、教学大纲、教科书等文件），课程是外在于教师与学生的事物，教师只是课程的执行者、阐述者和传递者，学生只是既定课程的接受者和吸收者。课程与教学各有分工、泾渭分明。课程是专制的一方，教学则成为被控制的一方，课程与教学是对立、机械、单向的关系。倡导联系学生生活世界的课程观，要求人们打破传统认识，将课程由“枷锁”变为“跳板”，由“圣经”变为“典型案例”，变为可以融入学生生活、促进学生发展的一个跳板，变为可以探讨、引发学生思考生活的典型案例。在这里，课程不是事先规定好的文本和制度，而是一种经验、一种体验，即凡是教师与学生体验、感受、领悟、思考到的都是课程。这就意味着，课程的内容和意义在本质上对所有的人并不是相同的，在特定的教育情境中，每一位教师和学生对给定的内容都有自己的理解，对给定内容的意义都有自己的解读，从而对给定的内容不断进行变革与创新，转化为“自己的课程”。因此，教师和学生不是外在于课程的，而是课程的有机组成部分，是课程的创造者和主体，他们共同参与课程开发的过程。这样，课程与教学就是相互联系、相互促进、相互转化、彼此相融的一体，教学不再只是课程传递与执行的过程，同时更是课程开发与创生的过程。

(五)课程内容与学生生活实践应形成互动

联系学生现实生活的课程，其目的就是要确立学生在生活实践中的主体地位，使学生成为自己生活的主体、社会活动的主体。而学生的生活实践活动又不断充实与完善着课程内容，二者形成积极的互动关系。

人与动物的区别之一就在于人始终关照着自身的存在，并始终以追求人生的幸福为终极目的，人类的一切活动和组织形式都指向这一根本目的，教育活动也不例外。教育的根本价值不是“为生活作准备”，更不是为职业生活作准备，生活的主体不是“为生活作准备”的主体，更不是抽象的、理论的主体，而是现实的主体、实践的主体。新课程强调课程内容要联系学生的生活世界，其目的就在于要发展人、完善人，确立学生在生活实践中的主体地位，使学生成为学习活动的主体、个体生活的主体、社会活动的主体，使人成为能够主宰自我并能动地作用于外在世界的“人”。课程内容在对学生生活实践形成推动力的同时，学生作为课程内容的开发主体，其生活实践也不断充实与完善着课程内容，使课程内容更为丰富、更富有意义。也就是说，学生生活世界的扩展，生活经验、体验的丰富为课程提供了重要素材，构成重要的课程资源。所谓课程资源，狭义上是指“形成课程的直接因素来源”，广义上是指“形成课程的因素来源与必要而直接的实施条件”。不论从狭义角度还是广义角度都要求我们打破“教科书是课程资源的唯一或主要来源”的观念，树立“大课程资源观”，认识到学生是提供课程素材的重要来源，而且是课程资源的开发主体，是课程的创生主体。因此，有着丰富个人生活与社会实践经验的学生可以为课程提供素材，丰富课程内容，对个人生活与社会生活有着认识、思考、感悟的学生可以使课程内容更富有意义，提升课程内容的价值。由此可见，课程内容与学生的生活实践应该形成良好的互动关系，二者彼此促进、共同完善。

（六）“教学大纲”改为“课程标准”

课程标准是国家课程的基本纲领性文件，是国家对基础教育课程的基本规范和质量要求，是教材编写、教学、评估和考试命题的依据，是国家管理和评价课程的基础。应体现国家对不同阶段的学生在知识与技能、过程与方法、情感态度和价值观等方面的基本要求，规定各门课程的性质、目标、内容框架，提出教学建议和评价建议。

课程标准代替教学大纲，包括以下四方面的理解和考虑：第一，课程价值趋向从精英教育转向大众教育。课程标准是一个最低标准，是一个绝大多数儿童都能达到的标准，接受义务教育是每一个儿童的权利，不是精英教育，应着眼于全体儿童的发展。第二，课程目标着眼于学生素质的全面提高。本次课程改革以促进学生发展为宗旨，确立了知识与技能、过程与方法、情感态度和价值观三位一体的课程目标，改变了教学大纲只关注学生在知识和技能方面的发展目标。第三，从只关注教师教学转向关注课程实施过程。第四，课程管理从刚性转向弹性。课程标准对教学目标、教学内容、教学实施、评价及教材编写作出了一些指导和建议。与教学大纲相比，这种影响是间接的、指导性的、弹性的，给学校与评价的选择余地和灵活空间都很大。

课程标准与教学大纲的框架结构比较

<table>
<tr><td>课程标准</td><td></td><td rowspan="4">教学大纲</td></tr>
<tr><td rowspan="3">前言</td><td>课程性质</td></tr>
<tr><td>课程基本理念</td></tr>
<tr><td>标准设计思路</td></tr>
<tr><td rowspan="3">课程目标</td><td>知识与技能</td><td rowspan="3">教学目的</td></tr>
<tr><td>过程与方法</td></tr>
<tr><td>情感态度和价值观</td></tr>
<tr><td>内容标准</td><td>各领域/主题/知识点的学习结果</td><td>教学内容及要求</td></tr>
</table>

课程标准		教学大纲
实施建议	教学建议	教学建议
	评价建议	课时安排
	教材编写建议	
	课程资源开发与利用建议	教学中应注意的
附录	术语解释	问题考核与评价
	案例	

二、典型案例分析

(一)典型案例:我们走进了“菜园里”

我们走进了“菜园里”

教室的中间,学生每6人围坐成一个小组,教室的四周摆着许多新鲜蔬菜,有白菜、卷心菜,有白色、红色的萝卜,红色、绿色的辣椒,紫色的茄子,浅黄、深黄的南瓜,有穿着绿衣裳的黄瓜,还有细长的豆角。如果你要认为这是在上自然课或是美术课,那你就猜错了。这是王俊老师正在上小学一年级的语文课《菜园里》。

上课了,老师亲切的话语响起:“大家看,我们来到‘菜园里’,我们四周有这么多蔬菜,你们想认识它们吗?”

学生兴奋地齐声说:“想!”

乘着学生的兴趣,王老师继续往下说:“那好,待会儿同学们就走下座位到教室的四周去看一看、摸一摸这些蔬菜,再读一读旁边的小卡片,试着记住它们的名字,可不要把它们名字叫错了!读完后把小卡片拿在手里,等到把所有的蔬菜认完了,就回座位。”

王老师的话刚说完,学生们便像一只只快乐的小鸟飞向了教室的四周,微笑着看看这种蔬菜,摸摸那种蔬菜,有的还凑上小鼻子闻一闻，然后再饶有兴致地拿起旁边的小卡片读一读，看看这可爱的东西叫什么名字。

王老师在教室里轻轻地走着，观察每一位学生，分享着学生的收获和快乐，当看到学生们因收获而激发出学习的兴趣时，她亲切的话语又在同学们耳边响起："下面，王老师看看你们是不是真的记住了这些蔬菜的名称。我拿出一种蔬菜，你们赶快把它的小卡片举起来，大声读。比一比，看谁找得快，读得准，声音响亮。"

王老师首先举起一个大南瓜。学生们迅速地在许多张卡片中找出"南瓜"的卡片，并抢着大声地读出来："南瓜"、"南瓜"……"你们找得很快，很准，但要注意'南瓜'的'南'是鼻音，请大家再读一遍！"

学生们准确地齐读："南瓜。"

王老师又举起了黄瓜、豆角、白菜、卷心菜，最后又拿出了紫颜色的茄子，学生们纷纷找出卡片举着读"qié zi"、"qié zi"、"qué zi"，王老师在众多的读音中分辨出有一个学生把"qié zi"读成了"qué zi"。王老师亲切地说："好像有人把它读成'qué zi'，我们再读一遍，读准它的名字——'qié zi'，全班齐读。"

根据学生们在课堂上反馈的信息和实际情况来看，生字确实是学生们学习的难点。

此起彼伏的读书声过后，学生们慢慢地安静下来。

"你们想把刚才读的生字读给大家听听吗？"王老师商量的语气，体现了师生之间平等的关系。

学生纷纷举手。

课堂上，学生清晰、自信地读书，老师热情地鼓励，声声入耳。

为了让学生更轻松地理解课文，将自己的收获畅快地表达出来，王老师说："你们刚才认识了那么多的蔬菜，谁愿意说说它们？说说你看到的，摸到的，感觉到的，你愿意说哪个就说哪个！"

"我刚才认识了豆角，我觉得豆角又细又长又软，像一根鞭子。"

"我觉得更像一根绳子。"

"我刚才摸到了黄瓜身上的刺。"

"我知道了，南瓜是黄色的，是圆形的，它的皮很硬。"

"西红柿，红红的，软软的，我闻了闻，还有一股清香味呢！"

“我知道了卷心菜就是我们平时说的包菜。”

……

资料来源:黄荣君.认识生活　探究生活——《菜园里》教学片断评析.人民教育,2002(7):51.

(二)案例分析

生活是教学的源泉,也是学生认识世界的重要途径。这节课中,教师将书本知识与学生的实际生活相联系,创设了生活化的情境,并将教学明显地分成了认知生活、探究生活和表达生活感受三个层次。

1. 认知生活。书本中的字、词及文字描述来源于对实际生活的观察、提炼与抽象,对于刚入学的儿童来说,如果单纯在教师引导下读课本、读字词,是很难与现实生活中生动、形象的实物建立联系的。针对于此,教师布置了一个生活化的情境,带儿童走进创设出来的“真实生活”中。这时,课文中所要学习的生词不再是一个个陌生的、生硬的方块字的组合,而是一个个他们急于认识的朋友,他们急于将生活中接触到的这些蔬菜(已有的生活经验)与卡片上的生词相对应。当学生在教师的帮助下,通过自己的努力知道了蔬菜的名字,并读准了字音,认识了代表实际蔬菜的字词,欢快的气氛就弥漫了整个教室。

2. 探究生活。联系学生实际生活的课程内容是与相应的探究生活的方式相结合的,生活化的内容需要学生用眼睛去观察、用手去操作、用心去感受、用头脑去思考。在生活化的场景中,教师不是限制学生的手脚、束缚他们的思维,而是让他们去看一看、摸一摸、闻一闻,在实际探究中,学生自然而然地更为全面地了解了这些蔬菜。

3. 表达生活感受。联系生活的课程内容不只局限于字、词的认识,也不局限于字词与实物的对应。在学生走进“菜园里”,感受生活、探究生活的过程中,他们得到的不仅是卡片上的字词对应,他们还知道了“豆角又细又长又软,像一根鞭子”、“豆角更像一根绳子”、“西红柿红红的、软软的、香香的”、“我们吃的包菜就是卷心菜呀”……这些蔬菜的特点以及蔬菜名称上的意义扩展并不是教师向学生讲解的知识点,而是学生独自探究生活的“伟大”成果。学生通过生活获得了认知,又通过进一步认知,明白了更多的生活中的事例,他们将他们的感受自由、主动地表达出来，在表达的过程中，思维与语言也得到了发展。

总之，这是一个典型的走进生活的开放课堂，在开放中，还有学科知识的引领，整个教学有张有弛，有收有放。在这里，教育不再仅仅是未来生活的预备，而是儿童现实生活的一部分，“教育即生活”的命题在这里得到了表现。当然，我们说这一案例在联系学生生活、联系学生生活经验上表现得较好，也并不代表在其他方面就是完美无缺的。在有学生将“茄子”读成“qué zi”时，教师应考虑学生读错的几种可能的原因，在纠正时应指明“qié”和“qué”发音的不同，让几个学生分别来读，其中包括在刚开始时似乎读错的学生。另外，一学生在说“豆角像一根鞭子”，而另一学生紧接着说“更像一根绳子”时，教师最好追问学生“为什么你觉得不像鞭子”，在比较中引导学生更好地比喻豆角及其他事物。

三、思想资源库

中国大陆、台湾两种语文课本之比较

课本 内容 分类	大陆初中语文(第五册)	台湾初中语文(第五册)
字数	22 万字	5 万字
页数	32 开本，344 页，包括插图和说明	16 开本，96 页，包括插图
篇目	具体篇目：略 课文 24 篇，8 个单元。参考阅读文 5 篇，知识短文 5 篇，写作训练、听说训练和语法 10 篇。其中 4 篇课文是多则，如果以篇、首为单位实际上是 11 篇，趣味小知识 12 篇。共 67 篇(还不算省编补充教材)。	具体篇目：略 课文 20 篇，不分单元。 语文常识 3 篇，练习 3 篇。 其中 2 篇《词选》是两则，如果以首为单位实际是 4 首。共 28 篇。
插图	彩色插图 4 幅，黑白插图 12 幅，约 9 页，占课本版面的 2.7%。	彩色插图 27 幅，约 17 页，占课本版面的 18.7%。

从图表中的内容可以分析出下面几个问题：

1. 大陆本，篇目占优势，相当于台湾本的2.4倍。篇目多，知识容量大，诗歌、小说、戏剧、散文以及应用文一概俱全，写诗、写小说(小小说)、编剧本等知识一项不漏，几乎成了一本“小百科”。相比之下，台湾本显得非常逊色，文章体裁不全，知识松散脱漏，是一本“小儿科”。

2. 大陆本，字数占绝对优势，相当于台湾本的4.4倍。

3. 台湾本，插图占优势。相当于大陆本的1.6倍，所占页数相当于大陆本的7倍。插图适量能帮助学生理解课文内容，引起学生学习兴趣，调节课堂气氛，调动学习积极性，增强联想力和想象力。

4. 大陆中学和台湾中学每学期教学时数基本相近，台湾中学生4课时学完的内容，大陆中学生必须用1课时学完。大陆中学语文课本分量过重，教师要想完成教学任务，只好搞“填鸭式”教学，超出量力性原则，学生会产生厌学情绪。

……

资料来源：王丽. 中国语文教育忧思录. 北京：教育科学出版社，1998：162.

目前，我国中小学理科教科书内容深而窄，难度为世界第一，小学数学课本高出国外两个年级，而科学精神、人文精神远远落后于欧美。数学家周毓麟院士曾叹息，他连自己八九岁小孙女的算术题都不会做，因为这道工程量与工程进度的计算题，用一元一次方程很好解，而教材要求必须用算术方法，其间弯绕如迷宫。课程的难度、深度和师资的现状使一部分学生成为失败者。这也是造成农村中小学辍学率高的一个重要原因。

资料来源：宋乃庆，徐仲林，靳玉乐. 中国基础教育新课程的理念与创新. 北京：中国人事出版社，2002：35.

我没想到语文的教法已经深入细致到字典词典内部中去了。女儿的作业要花很多时间来分析字，如：“瓮”是什么部首，它的第七画是点还是折，它的声母是什么，它的韵母是什么，它有多少义项……

有一天，她问我“灰溜溜”怎么解释。我想了一会儿，问干吗解释这个词。她说是作业。我说这个词你会用吗？她说会，很快造了句子。我说这就可以了，关键是会用。解释“灰溜溜”这种词毫无必要，就像解释“馒头”这个词没有必要一样。女儿不屑，她认为我从没有学好过语文，连小学的问题都答不出来。我不知道这个世界上的每个词是否都有再用语言来解释一遍的必要。如果不是，就该放孩子们出去玩玩。我想小到“灰溜溜”这类词，也要用书面语去说它一遍，那在这个世界上我们要学的东西就太多了，我们确实不必在“灰溜溜”面前灰溜溜。

资料来源：王丽. 中国语文教育忧思录. 北京：教育科学出版社，1998：6-7.

初一《地理》第一册在讲马来西亚时，仍然说马来西亚是世界上最大的锡、天然橡胶、棕油的生产国，其实现在马来西亚的锡产量已相当少，自 20 世纪 90 年代初已不是天然橡胶的最大生产国，自 90 年代中期棕油产量就少于印度尼西亚。高中一年级《语文》第二册有些课文时代性差，如《猎户》一文颂扬打豹英雄，与保护野生动物的观念相违。

资料来源：教育部基教司课改研究中心刘兼在课改实验区研讨会上的报告，2001-6-6.

20 世纪 70 年代末，在“早出人才、快出人才、多出人才”的思想指导下，热衷于培养智力超常的“天才儿童”、少年大学生等。此后，在炽烈的应试教育的氛围中，出于追求升学率、增加竞争、提高考试难度的需要，不断加深学科知识的难度，致使我国中小学教材难度偏深，高于发达国家约一二个年级，已经众所周知。这一做法是缺乏科学依据的，已经开始脱离多数青少年的实际认知能力。调查显示，由于中小学教育的教学要求偏高、偏难、偏深，致使部分学生丧失信心而失学，被认为是中小学生辍学的重要原因之一。据人民教育出版社调查，约有 80％的中学生学习理科教材有困难，中学生厌学的达 30％，有的地区高达 60％。

资料来源：王丽. 中国语文教育忧思录. 北京：教育科学出版社，1998：41.

脱离学生生活的书本知识

沉重的书包使学生完全捆绑在课桌跟前，对大自然和人类日常生活的基本常识越来越疏远和贫乏。一位小学二年级的教师问班上的学生是否见过水稻，竟有60%的学生摇头，其中一位学生还给出了一个让人啼笑皆非的答案：大米是长在树上的。一位小学教师经过调查得来了这么一组数据：班上50多名学生，不知道蔬菜是种在地里的占50%；不知道菜油来源于油菜的占75%；不知道甘蔗能榨糖的占65%；不知道棉花可做衣服的占45%。

这足以看出，如今都市少年离大自然太远了。他们的环境意识越来越弱，对自然的观察能力也越来越差。在应试教育框模的束缚下，我们的学校除了"题海战术"和"填鸭式"灌输外，其他增长学生知识的方式很难接受。学生们除了书本与电视的灌输之外，很难有观察实物的机会，以致某校二年级一班50多人，能知道"庄稼"是植物的只占25%。这不能不说明学校教育离大自然远了。而国外大多数学校，都对培养学生实践与观察能力有明确的规定，通过观察与动手，培养学生与自然的感情，树立良好的环境意识。

资料来源：钟志贤，范才生. 素质教育中国基础教育的使命. 福州：福建教育出版社，1998：55.

让学生将科学知识当作书本教条死记硬背相当普遍。大多数学校缺乏实验设备，更不重视引导学生观察思考。即使做实验，也往往以结论符合书本、老师讲授为目的。有一年夏天，在黑龙江林区一所设备完善、师资充实的小学里，五年级正在上自然课。笔者提问："早上太阳从什么方向出来？"学生齐答："东方！""偏南。"还可说出："因为我在北半球、北回归线以北，太阳在南面。"再问："有谁注意看过没有，早上太阳是先照在南窗还是北窗？"都说不知道。我说："明天早上请你们注意一下，可能是北窗先有阳光。冬天再看看，情况可能就不一样了。"在场的任课老师（也是校长）听了感到很新鲜，说："原来还有这事！"……

资料来源：钟启泉，金正扬，吴国平. 解读中国教育. 北京：教育科学出版社，2000：123.

科学世界与生活世界的内在联系

1. 生活世界是科学世界的基础，也是科学世界的意义之源，科学世界原本是生活世界的一部分，它不过是把生活世界中的一部分抽取出来加以理论化、形式化的结果。

2. 在特定条件下科学世界能够提升生活世界的意义。科学世界从生活世界中分离出来原本就是为了提升生活世界的意义，只不过当科学世界日益与生活世界割裂开来以后，便失去了其意义的源泉，反过来导致生活世界的异化。

3. 生活世界与科学世界是历史地统一的。就某一特定历史阶段而言，生活世界总是蕴涵着前一历史时期科学世界的概念，同时也孕育着下一历史时期科学世界的基础。

资料来源：吕世虎，肖鸿民. 中国基础教育课程与教学研究. 北京：中国人事出版社，2002：25-26.

课程标准中相关的内容标准

生物课程标准——

生物技术的内容标准（日常生活中的生物技术部分）

1. 举例说出发酵技术在食品制作中的作用。

2. 说明食品的腐烂原因。

3. 运用食品保鲜的一般办法。

生物技术的内容标准（现代生物技术部分）

1. 举例说出科隆技术的应用。

2. 举例说出转基因技术的应用。

3. 关注生物技术的发展对人类未来的影响。

资料来源：中华人民共和国教育部. 全日制义务教育生物课程标准（实验稿）. 北京：北京师范大学出版社，2001：29-30.

历史课程标准——

世界现代史的内容标准(科学技术和文化部分)

1. 以计算机网络技术、生物工程技术为例,概述第三次科技革命的特点。

2. 知道德莱塞的《美国的悲剧》等著名文学作品。

3. 了解毕加索等美术家的艺术成就。

4. 通过爵士乐、好莱坞等,了解现代音乐和电影业的发展。

资料来源:中华人民共和国教育部.全日制义务教育历史课程标准(实验稿).北京:北京师范大学出版社,2001:32.

体验新课程

2002年秋季一开学,河西区新入学的一年级小朋友就拿到了他们求学路途中的第一本教科书。与哥哥姐姐们不太相同的是,他们手中的教科书内容更新颖,装帧更漂亮了。这是一套为配合新课程改革实验所编写的新教材,这些孩子有幸成为了第一批使用者。上海道小学的语文教师陶莉说,新教材的最大特点就是贴近学生的现实生活。比如,小学语文第一册前三篇课文分别为《开学了》《上学路上》《上课了》。学生学这些课文时正值开学初,老师为孩子们发放了"小黄帽",孩子们读完课文后真的戴上了小黄帽,背上新书包,到讲台上边演边背,兴趣盎然地体验着新教材的内容和正式成为一名小学生的激动与兴奋。实践证明,有效的学习是建立在儿童原有经验的基础上的,没有儿童的主动参与和原有经验的建构,任何脱离儿童经验的灌输都是低效的学习。

资料来源:西林,王秋岩.新课程心感觉——天津市河西区基础教育课程改革实验纪实.天津教育,2003(1):5.

小学品德新教材编写的基本特点

1. 具有明确的适用范围,根据适用对象的特点来编写教材,这样使教材增强了针对性。按照《标准》对教材编写的"多样化"要求,本教材的适用范围主要为农村，并兼顾中小城镇。以往的小学品德课教材存在的一个问题，就是不论大中城市还是农村基本上用的是同一个教材，千篇一律，针对性和适用性不强，同时，教材往往在很大程度上偏重于城市儿童，而对中小城镇，尤其是农村的学生照顾不够。这就必然使教材的内容脱离学生的生活实际，学生无法把与在教材中学到的道德内容和自身的生活体验结合起来，教育难以取得预期的效果。针对这一问题，这套教材就明确以农村和中小城镇的学生为适用对象，根据他们的生活特点和需要来编写。譬如：在内容上，以农村和中小城镇儿童的现实生活为教材内容的主要源泉，展示发展变化中的新农村、新农家、新城镇的生活方式和生活理念。在教材的形式选择上，充分考虑农村儿童的现实需求，重视广大农村儿童的体验、感受、向往和追求，帮助他们学会认识、处理和解决现实生活中的实际问题。比如在教学生认识交通标志而农村又没有交通标志的情况，教材中写道："我们村口没有交通标志，我怎么过马路呢？我要去城里看姑姑，也要认识交通标志。"让孩子了解农村的变化和表达自己的向往："我们村装电话的人家越来越多了！……家乡的变化给我们带来了美好的生活，也带来了一些思考……"

2.在体系结构上，打破传统的按知识的逻辑进行编排的模式，而是根据生活的逻辑并结合儿童的心理特点按主题进行整合。所谓按主题进行整合，就是遵循《基础教育课程改革纲要（试行）》精神和《标准》的要求，强调以学生现实生活中综合主题的形式而不是以学科知识或知识点的形式组织、表达课程内容，保证教材内容的生活化、综合化。同时，在重视各主题不同层面互相联系和支持的同时，突出主题间合乎生活逻辑的联系和延展。为全面、均衡地实施课程内容和避免简单重复，主题构建还要体现系统性、针对性和选材角度的灵活多样。体系结构按主题进行整合，这一方面有利于学生形成对社会生活的整体认识，促进学生的情感、态度、能力等品质的协调发展，另一方面也比较符合学生的生活实际……该教材以儿童的社会生活为"线"，以儿童逐渐扩大的生活领域为"面"，不仅关注学生当前的生活，而且力求指引学生未来的生活；特别力求反映我国广大农村儿童的真实的生活……

3. 在内容选择上，本套教材强调从儿童自身的现实生活中取材，重视生活情感和美感的陶冶。道德在本质上不是可以从生活中剥离出来的知识性的东西，它就存在于生活之中，道德教育同样也不能离开儿童自身的实际生活经验。教材紧密结合儿童在学校、家庭、家乡等处不断扩大、复杂化的生活，指导和启发儿童应如何与人交往、过一种道德的生活。如一年级《品德与生活》上册第一个单元就是"我上学了"，在学校里看到的、想到的、听到的等等都成为品德教育的内容。其他单元内容的设计也是如此。结合生活进行教育，不光是指生活中的常识、技能方面，更重要的是对学生进行生活情感和美感的培养……培养生活情感和美感，就要重视实际生活中现实性的、情境性的、形象化的生活事例，强调启发道德自觉，避免生硬说教，结合具体生活实例，春风化雨，润物无声，使学生从中感受生活之情——亲情、爱情和友情等，体验生活之美——自然美、社会美和心灵美。从语言提示、版面设计到具体内容等方面该套教材都营造出了一个情意浓浓、充满美感的生活氛围，使儿童在参与的过程中不知不觉地感受生活之美，萌生热爱生活之情。

资料来源：唐汉卫. 新理念新教材新特点——教育科学出版社小学品德教材介绍. 当代教育科学，2003(4)：29-30.

我与科学课程共成长

课程改革将小学自然课改为科学课，我也从一名自然教师变成了科学教师。难道只是名称改了吗？它的内容会有什么变化？课本会是什么样的？总之，初次接触科学课程的我满怀着新奇感。我发现新的课本不仅美观精致，而且内容更是吸引人。例如：《植物世界》、《动物世界》、《科学家的工作》、《学做科学》等等，这些内容都是学生感兴趣和喜欢的知识，由此我对科学课程的兴趣增加了许多，很快投入到对新教材的研究当中。学习新教材后，我又把它与原自然教材进行了对比分析，发现小学科学课与小学自然课在教材上的变动很大。以往是以大自然为认识和研究对象，自然课就是让孩子通过观察、实验得出有关的知识结论。而科学课是把自然界作为科学探究的一个整体，注重生活化、人文化、信息化、情感化，注意科学、技术和社会的密切联系；注重让学生经历科学探究过程；还突出强调了学生的亲身经历、动手操作和科学实验过程。与自然课相比，它是以学生的自主探究为主线，科学知识的学习贯穿在探究活动之中……

过去教自然课的时候，我的教材意识、教参意识非常强，所以在教学实践中总是往教材、教参上靠拢，这限制了我的思维。而科学课程的教材是开放的，教材中有许多“留白”，给学生留下思考的余地，同时也给教师留下了发挥智慧和创造力的广阔空间。而在这个空间里，我该做些什么呢？经过反思我认识到：书中给我们提供的各种实验只是例子，我还要根据学生的现有知识情况，根据我们学校现在的设备设施状况，对教材作出相应的“剪裁”，并珍视孩子的“童心世界”，依据其兴趣、爱好和个性化选择来拓宽、拓深教学内容。我要从“我怎样教这一课”的思维中跳出来，走入“我怎样用这一课来教”的思维中。正是有了这种对教材使用上的新理念，我才从只依靠教材的思想中挣脱出来，成为课堂教学的设计者。例如：在教《空气占据空间》一课时，我看到教材中列举的几个实验的知识内容，对于我校三年级学生来说已经掌握，于是我将“猜一猜”的实验活动引入本课：先将一根火柴放在一块木片上，然后将它们一起放到装有水的水槽中，用烧杯扣住木块，这时让学生猜一猜火柴怎样了，有的学生说火柴没有湿。有的学生说火柴湿了。我将火柴一划，问道：火柴为什么没有湿？这时学生很快就说出是由于空气占据了烧杯的空间，所以火柴没有湿。既然学生对空气占据空间并不陌生，我就让他们利用我提供的材料，小组合作设计两个以上的实验来证明空气占据空间。结果，许多小组设计的比我预想的还要多出四五个，并且不仅用材简单，而且易于其他学生对空气占据空间的理解……

资料来源：杨静.我与科学课程共成长.北京教育，2003(5)：31.

数学从生活中来

小学数学课本中很多内容都与学生的生活密切相关，我们在教学中要为学生创设大量生动、具体、鲜活的生活情境，让学生感到数学就是从身边的生活中来的,激发学生学习的热情。如:在《克的认识》中,我请学生亲自分别称出1克绿豆、1克大米、1克花生米等,数一数各有几粒,边称边数边用手掌掂一掂1克豆的重量。通过这样的活动,学生充分体验到了"1克"的重量。随后,在学生刚刚建立的"1克"的感性认识的基础上,请他们谈一谈生活中见过哪些物品用克做单位。学生很快说出一袋茶叶、一盒(袋)牛奶、一条项链、一块香皂等例子,再一次加深并扩展了对克的认识,丰富了已有的生活经验。这样的教学方法还可以应用在《时、分、秒的认识》、《千克的认识》、《吨的认识》、《毫米、分米、千米的认识》等等新授概念的教学中。再如:过去在教学算理时常常使老师们感到头痛,现在我们可以从生活中创设情境,在学生已有的生活经验基础上请学生帮助解决。一上课老师就提出:"假如你有100元钱,你最想买什么?"创设买书情境,引出100－32－30及100－(32＋30)进行复习。随之改变条件,把其中一本书的价钱替换成10本的总价钱300元,引出100－32－300÷10及100－(32＋300÷10),让学生根据生活中的经验自学讨论,探究算理……

资料来源:郝亚萍.新课程呼唤生活化的数学.北京教育,2003(6):30.

一堂"糟糕"的公开课

参加区里的优质课评选,一接到通知我便连夜备好了教案,熬了两个晚上制作了精美的课件。一切准备虽说算不上十全十美,但夺冠的信心坚如磐石。该我上课了,没有丝毫的紧张,我把备好的磁盘插进了电脑,两次鼠标的点击却给了我迎头痛击。课件不能用了,我熬了两个夜晚的心血白费了。如同没了针线的碎布,这衣服可怎么做?讲台下是坐得端端正正的学生,再后边就是评委了,他们的目光都落在了我的脸上。不容细想,铃响了。"上课!"学生们齐刷刷地起立,我的脑海中泛起了课文的内容。《可爱的家乡》,没有了屏幕上那优美的风景,我手中拿着的只是粉笔,我完全可以画出来啊!看图说话练习也没办法做了,我不会和学生一块儿谈谈自己的家乡吗?一个临时教案就这么转眼间形成了。心里有了底,眼中的慌张也就稍纵即逝了。

"今天老师和大家一块儿谈谈我们的家乡。谁先告诉老师自己的家乡在什么地方呢?"学生们争先恐后地站起来,一个比一个说得详细具体。"能介绍介绍自己的家乡吗?"学生七嘴八舌,一会儿扯东,一会儿扯西。"那,咱们来听听作者是怎样介绍他的家乡的。"缓缓的钢琴曲,我一边朗诵着课文,一边板画着蓝天、白云、小溪、竹林和野花。孩子们被我带进了"可爱的家乡"。我跟他们一起讨论作者写景的顺序,一起商讨作者用词的精当,一起体会作者对家乡的感情。在我回答完他们的一个又一个疑问后,学生们都能够有感情地朗读课文了。我适时地引导他们弄懂了"并列句群"和"总分句群"的区别。"听了作者的介绍,大家想想,你能不能像他一样把自己的家乡再介绍得更好些呢?"教室里"乱"了起来,学生们有的托腮思考,有的扭头商讨,有的执笔书写。我真怕,怕学生们给我"晾"了场。这种状况持续了足有5分钟。"老师,我先说!"几个学生抢着站了起来。一个女生跑到了我跟前,"老师,我可以站在讲台上给大家作介绍吗?"她的家乡有著名的薄公游览区,看她洋洋得意地如数家珍,语言竟是那样的流畅,我早就忘记了上课前那几次鼠标的点击给我带来的窘迫,不禁抬起了双手,掌声混合着下课的铃声。

我庆幸那些糟糕的软盘迫使我上了这么一节"糟糕"的公开课——实实在在地公开了我平日的教学实况。我不用演员一般重复着每一个早就精心设计好了的细节,更不用忙着做各种电教设备的操作员。我有一支粉笔,一张传神的脸孔,一口流利的普通话,这些足矣,足以让我和我的学生完成教学的任务。我所执教的学校没有先进的多媒体,这就是我们的日常教学。

资料来源:崔晓娜.一堂"糟糕"的公开课.小学语文教学,2003(4):54.

一位语文教师的课程资源开发手记

早读课,刚走进教室,便发现有点不大对劲儿。孩子们的读书习惯一直很好,今天是怎么了?三个一群、五个一伙凑在一块儿议论什么呢?走过去仔细一听,原来,这些10来岁的小家伙居然在谈论昨天刚刚发生在伊拉克的战事,而且满嘴"第3机步师"、"生化武器",俨然是军事专家!走到孩子们中间,我示意他们停下来:"看来大家和老师一样,也在关注伊拉克战事。你们了解些什么?有哪些想法呢?""我来说!""老师,我先说!"小手如林,真不知叫谁好。望着孩子们满脸的急切,我心中蓦然一动:新课标要求"加强语文课程与其他课程以及与生活的联系,促进学生语文素养的整体推进和协调发展"。这一鲜活的、在全世界引起广泛关注的重要事件,不正是可以利用的语文学习资源吗?略一思索,我在黑板上写下几个大字——"伊拉克战况新闻发布会"。不过,由于事先没有有意识地进行资料的搜集、整理,对于如何发布新闻又知之甚少,孩子们的表达不够准确,参与面也不宽。针对这一情况,下课前,我简单讲解了播报新闻的要求,并宣布下周四的班会课继续就这一问题举行"新闻发布会"。但愿孩子们带着目的去搜集新闻资料,有更精彩的表现。

回到办公室,正好同年级的另五位语文老师都在,一番研讨后,我们四年级将近 400 个孩子有了以下一份周末作业:1. 预习第 22 课《一个中国孩子的呼声》,围绕课后"思考练习 2"通过查找或访问搜集相关资料。2. 与家人一起通过新闻媒体继续关注伊拉克战况,并听听他们对战争的看法。很有意思的是,布置作业时,我听到几个孩子在悄悄议论:"第 12 课都还没学呢,怎么就要预习 22 课呀?"我笑了,心想:小家伙,读了课文你就明白了。

第 22 课《一个中国孩子的呼声》是一篇新增课文,是一个名叫雷利的中国孩子 1996 年 11 月写给时任联合国秘书长加利先生的一封信。雷利在信中深情地缅怀父亲——一个为维和而献出宝贵生命的英雄,并代表中国孩子呼吁国际社会:一致行动,维护和平,制止战争。全文饱含着一个孩子失去亲人的悲愤与渴望和平的真挚感情。这一主题和目前伊拉克战争发生后国际社会对和平的强烈呼唤与渴望是多么吻合!这也正是我们将这一课提前教学的原因。课后"思考练习 2"(举出具体事例,说说你对"世界并不太平,不少地区还弥漫着战争的硝烟,罪恶的子弹还威胁着娇嫩的'和平之花'"的理解)是全文学习的重点和难点。由于预习时对相关资料进行了搜集和整理,谈到这个话题时,孩子们旁征博引,发言精彩纷呈……

资料来源:朱先云.在关注伊拉克战事的日子里——一位语文教师的课程资源开发手记.人民教育,2003(10):35.

充分挖掘生活常识

物理学科的课程理念是"从生活走向物理,从物理走向社会"。也就是说,凡是生活中常见的、与人类活动息息相关的,或是社会需要的都可以作为教学内容。新的教学形式决定了教学的一部分内容是在师生的互动中产生的。学生来自不同的家庭,对于同一知识点不同的学生会有不同的想法,在学习中会提出不同的学习要求。例如学习"做功与内能的改变",学生可能会提到以下常用的生活用品及生活现象:用气筒打气问题、液体打火机问题、石油液化气问题、喷雾杀虫剂问题、高压锅爆炸问题、轮胎打爆问题等。这些问题随时可能会成为课堂教学内容的一部分,如果教师课前没有任何准备,可能会出现尴尬的局面。因而,教师在课程标准下备课时,针对不同的教学基本点要挖掘生活素材,让学生从常见的生活现象走进物理课堂,真正实现物理学科的课程理念。

资料来源:邱卫国.新课程中物理备课行为的转变.人民教育,2003(10):25.

创造性使用教材应注意避免的误区

1.形式化,为了更换而更换,缺乏明确的目的

在实验区听课的过程中发现,老师们为了表明自己没有拘泥于教材,多多少少都对教材内容作了相应调整。如一节小学一年级的数学课上,教学的主要内容是"测量"。教材中提示的第一项活动是"桌子有多长",叫学生利用手掌或其他方法测量课桌、讲台的长度。显然这样安排的目的是从学生身边的事物入手,在实际操作中引导学生发现测量需要一个统一的尺度。而教师却把这一活动改放在练习中,上来就讲尺子刻度的认读,尺子的使用方法、作用等等。当然,把测量课桌、讲台长度移后或更换其他内容本无可厚非,关键是不要省略了让学生从自己身边的事物入手,在实际操作中发现问题这一环节。这说明教师在对内容进行调整时,并没对课程标准、教材进行充分的研究,没有完全领会教材编排的意图,对教学目的、目标的把握不明确。

避免走形式化道路的关键是明确教学目的。在甘肃兰州七里河区安西路小学，教师根据本地特色，更换了教材中“过新年”这一活动的场景，以实际下雪、玩雪为背景，让学生体验：数学来源于生活，并用于解决生活中的实际问题。这一措施增加了学生对学习内容的亲近感，极大地激发了学生的学习兴趣。再如：某语文教材中，汉语拼音“S”的表音表形图为几根挂在架子上的丝瓜。由于生活在西北地区的学生很少见过生长的丝瓜，都误以为是黄瓜。这时教师及时地调整了插图，拿出一幅“蚕吐丝”的图，帮助学生记忆“S”的读音和字形。在这一学习过程中，学习的目的是认识、记住汉语拼音字母“S”，而图的目的就是帮助记忆、读准字母的形和音，并不是认识丝瓜这个事物，所以教师的灵活调整十分有效。

2. 联系生活实际，却忽略学生对未知世界的探究

联系学生的生活实际不等于对教材中学生生疏的内容的放弃。在一些实验区，有的内陆学校删去了教材中有关大海的课文；南方学校更换了教材中有关沙漠和冬雪的内容；在一些农村地区，有关都市题材的课文也被替换。怎样处理好联系生活实际与引导学生认识未知世界的关系？以下举例说明。

某语文教材有《滨海风光》这一以教学识字为主的课，课文中出现了许多描写海边风景的词汇。教师考虑大海离当地学生生活太远，于是利用当地学生熟悉的黄河资源，把课文改为《滨河风光》，让学生学习有关黄河的生字、词汇，突出黄河特色。《滨河风光》词汇教学，有效地利用了当地学生熟悉的四十里黄河风景线的地方特色，使教学与自然环境相结合，激发了学生对语文学习的兴趣和热爱家乡的情感，体现了教师在教学中关注并联系学生生活实际进行教学的开放的语文教育观。更为可贵的是，教师抓住了该课的教学目的，在新编的课文中包含了原课文同样的生字，从而完成了教学任务，达到了课程标准的要求。

但我想，教师在进行创造性教学的同时，还应有一个明确的意识，即内陆的学生没有必要回避大海。教材中美丽的词汇和生动的插图应唤起学生对大海的美好憧憬和对外面世界的向往。教师可利用学生们熟悉的有关黄河的词汇，帮助学习生字，在此基础上，利用课文内

容来丰富学生的词汇和想象力，使二者达到有效的结合。学习本是一个不断促使学生变未知为已知的过程，创造性使用教材更需要教师善于引导学生利用已知，认识未知。

资料来源：付宜红.创造性使用教材应注意的几个问题.人民教育，2003(7).

四、问题与思考

案例一：改编后的“估算课”

这是课改实验区一位姓崔的老师上的小学数学“估算课”——

“同学们，今天有很多叔叔、阿姨来听我们的课，你们有什么感觉？”崔老师说。

“我很高兴，但觉得有点紧张。”一个女孩说。

“我也是。”一个男孩说。

老师说：“别说你们，我也有点紧张。你们看，我的腿直打颤（老师装的）。”

孩子们被逗笑了。

“叔叔、阿姨有多少人？”老师问。

“不知道。”

“你们可以估计一下。”

孩子们转过头来观察教室后面坐着的人。

“大概40多人。”一个学生说。

“你是怎么估计的？”老师问。

“教室的一半我们坐，另一半差不多被叔叔、阿姨坐满了，人数可能和我们班的一样，大概是40多人。”

“对，就像这样，生活中我们随时都可以用到估计。”老师鼓励说，“这个问题暂时讨论到这里。”

“当爸爸妈妈带你们去逛商店时，你们对什么最感兴趣？”

“暴龙机（一种电子游戏机）。”很多男生叫道。

“它的价格是多少？你们注意了吗？”

“可能是50元。”

“你怎么知道的？”

“我买超人(玩具)要50多元,我想暴龙机差不多也是这个价钱。”

“还有其他看法吗?”老师慢慢地问道。

“可能是100多元。”一个学生说,“我去看过,准确的价格记不清了。”

“是128元。”老师说。

“怎么知道的？老师,你也喜欢暴龙机?”同学们惊喜地问。

“我儿子和你们差不多一样大,他也喜欢暴龙机。昨天下课后,我坐车去商店看的。”

老师把一张暴龙机的广告画贴到黑板上。

“你们还对什么感兴趣?”老师问。

“单车。”很多学生说。

“就是儿童骑的自行车?”

“价格是多少?”

“200元。”

“你怎么知道的?”

“我问过邻居,他就有一辆单车。”

“不是这个价,我到商店看过很多次了,要的钱很多。”一个男生说。

“是多少啊?”

“快到400元啦!”

“为什么这两位同学说的不一样?”老师问。

“可能是牌子不一样。”一些学生解释说。

“我想也是,”老师完全以一个普通讨论者的口气说,“看,这是昨天我去看的一个牌子。”

老师展示了一张儿童自行车的广告画。

“价格是多少?”

“从广告上看,是364元。”一些学生说。

“如果讲价,还可能降下一点的。”一女生说。

“暴龙机是128元,单车是364元。现在,我问一个问题,当看到这两个价格时,你们想到了什么?”老师说。

好一会儿,学生A说:“我有点失望。”

“为什么?”老师问。

“这两样东西,我都想要,但加起来肯定超过100元。我的零用钱不到100元,我买不起了。”

“看到这两个价格,我有点高兴。”学生B则说。

“为什么高兴呢?”老师问。

“两样加起来不到1000元,我有希望买。”

“我不明白你的意思。”老师说。

“过春节时,我得到1000多元压岁钱。”学生说。

“钱在你手里?”其他学生问。

“不,被我爸爸没收了,放到银行里了。”

“那就不是你的了。”其他学生说。

“是我的,我爸爸说了,我可以用这些钱买我想要的东西。”

“看来,你肯定能买了。”一个学生说。

“不一定,钱在我爸爸手里,用任何一分钱都要他同意才行。”

……

“那400元,能不能买呢?”学生G问。

“128比100元多,364元比300元多,128元加364元肯定比400元多。”学生H说。

“唉!我只有400元钱在我妈妈那里,我买不成了。”学生G说。

“可以买的!”学生A说。

“你给我一点钱?”学生G不相信地问。

“不是,你可以讲价,人家会降一些价的。”学生A说。

“人家不降怎么办?”

“你就去叫警察!”

这句话引起了一直在一旁认真倾听学生对话的老师的注意。他对学生们说:“同学们,当我们去买东西时,在哪些情况下,应去叫警察?”

“有人偷钱。”有的同学说。

“有人打架。”另一些同学说。

“人家不降价,应不应该叫警察?”学生G问。

“不应该。”很多学生说。

“大人去上街，跟人家讲价，人家不降价，大人去叫警察了吗？”老师问。

“没有。”学生们说。

……

附录：下面是看过崔老师“估算课”以后两位老师的真实对话，其中的古老师没有参加课改，在听了崔老师的课之前还听了蒋老师的“估算课”。

古老师：“崔老师上的那节估算课不是纯粹的数学课吧？”

蒋老师：“这节课上，学生除了讨论估算问题外，还涉及零用钱问题、讨价还价等许多问题。”

古老师：“我看了一下课本，发现无论是你或是崔老师，估算课都没有按课本上。”

蒋老师：“对。课本内容有些没上，上的部分也被我差不多全改编了。”

古老师：“这行吗？”

蒋老师：“对于新教材，这正是大力提倡和鼓励的。”

古老师：“将来考试，如果刚好考到你没讲的，或者是被改编过的，那怎么办？”

蒋教师：“将来是按《课程标准》考，而不是按课本考。如果有十多家出版社出了十多种课本，你按哪家课本考？对这部分内容，《课程标准》是这样规定的：‘能结合具体情境进行估算，并解释估算的过程。’无论你使用哪本课本，对课本这部分内容作何改编，只要你达到上述目标就行了。”

古老师：“我认为课本是专家编写的，经专家审定的，它的质量比教师个人改编的更有保证。”

蒋老师：“这当然没有错。但从另一个角度看，无论专家多么有水平，但对各地环境，各个学校具体的情况，一线教师要比专家掌握得更多，教师更应有自主权。实际上，就是不给他自主权，在教室里进行教学的是他，他也会根据他的经验，按他的感觉去处理教学。”

古老师：“改编课本内容，不同老师有不同的改编法。改编的目的是提高质量，但我担心有的改编反而降低了质量。”

蒋老师："你这种担心是有道理的。比如，我的改编就可能反而降低了质量。但通过这次平等的对话与交流，我觉得进步很快。所以，只要平等对话的这种机制始终存在，新课程就有前途……"

案例及附录资料来源：赵光平，罗星凯，刘小兵. 一堂估算课. 人民教育，2002(8)：41-42.

思考与讨论

1. 这堂估算课是如何联系学生实际生活的？

2. 课堂中的内容联系了学生哪些生活经验与体验？

3. 联系学生生活的课程内容是否只局限于知识教学？除了估算知识外这堂课还促进了学生哪些方面的发展？

4. 附录中的对话对你有什么启示？你认为联系生活的估算课算不算是真正的数学课？

案例二：一堂被"打乱"了的课

头疼事

最近，侯老师常为如何上好一年级的语文课而感到头疼，尤其是如何让只有六岁的孩子在课堂上动起来，主动参与教学活动，鼓励他们多读、多看、多听、多想，侯老师可真头疼了。

消防车来了

今天，教学内容是有趣的童话《小山羊》。侯老师很有信心地拿着精心准备的动物头饰走进课堂，手中的头饰果真让好些学生眼睛瞪得圆溜溜的。课堂顺利地进行到十多分钟时，突然，从窗外传来一阵急促的"的嘟——的嘟——"声，这声音犹如一块巨石落入平静的水面，教室里顿时喧闹起来。所有的学生都向左边看去，他们有的站在椅子上，有的一蹦一跳，脖子伸得老长，争先恐后地向外张望。

同学们看到一辆红色的消防车由南向北从窗前驶过，转眼工夫，消防车就在同学们眼前消失了,回过神来的学生有的赶紧坐下,还有的同学余兴未尽,三个一组、四个一伙地不知议论些啥。

不能白看

侯老师拿起粉笔,转身在黑板的右边写了一个"看"字,然后微笑着问道:"你们刚才看到了什么?"话音刚落,同学们又活跃起来,郑欣杰抢着说:"看到一辆消防车。"好多同学附和道:"对!"可侯老师不满意,她鼓励学生说:"你们能不能说得完整些,清楚些,看到消防车怎么样?"只见"小博士"李昊站起来,把手举得高高的,一副胸有成竹的样子。侯老师请他发言,他放开嗓门响亮地答道:"我看到一辆红色的消防车从教室窗前飞驰而过,上面还有解放军叔叔。"侯老师笑了,故作惊讶地说:"哇,你比我强,都会用'飞驰'了,谁教你的?""我看书学的。"李昊神气极了。"你真了不起,看来多读点书确实能丰富我们的知识,使我们变得聪明起来。大家为李昊同学鼓掌。"教室里响起一阵热烈的掌声。侯老师说:"李昊,我给你提个意见,站在消防车上的不是解放军叔叔,而是消防员叔叔。"

这时,一向不爱发言的孙芳芳也举手了,侯老师心头一喜,马上把机会给了她。她站起来大大方方地说:"我看见一辆红色的消防车,上面站着三个(只看到一侧)全副武装的消防员叔叔。"侯老师高兴地向她竖起了大拇指,接下来,侯老师又拿起粉笔,在"看"字后边写了一个"听"字,然后追问同学们:"你们是先听到声音,还是先看到车?"班长刘嘉第一个举手,她答道:"我想起来了,是先听到声音。"侯老师马上把"听"字擦掉,重新写到了"看"字的前面,然后直夸刘嘉观察仔细。"听到声音后,同学们有什么反应?教室里变成啥样了?"侯老师让大家讨论……

讨论结束后,侯老师指着黑板上的"听"和"看"说:"同学们,我们是先用耳朵听到声音,再用眼睛看到了教室里的反应,接着又看到了消防车飞驰而过。我们的耳朵、眼睛都参与了观察,很好!我们还要让脑子也活动起来。大家回忆一下,你们看到消防车后,想到了什么?"侯老师在黑板上那个"看"字后面又写了个"想"字。同学们的积极性很高，有的说："我想到有一个地方着火了，消防车赶去救火。"有的说："我希望消防员叔叔赶快把火扑灭。"有的说："我想现在是秋天，要注意防火。"还有的说："玩火危险，我以后不玩火了。"最后，侯老师用红粉笔把"听"、"看"、"想"圈了起来，说："如果你们能把刚才听到的、看到的和想到的连起来说一段话，那就更棒了。"侯老师的话音一落，同学们都跃跃欲试……

"我要写"

下课铃响了，没有发言机会的张清晖一脸的遗憾，突然，她换了一副表情，高兴地说："侯老师，我今天不能说给你听，我要写一段话给你看。""那太好了！写好了明天一定给侯老师看看，我奖励你一朵小红花。"……

资料来源：吴萌，侯争华. 课堂插曲——小学语文第二册《小山羊》教学案例. 人民教育，2002(6)：40-42.

思考与讨论

1. 如何理解课程资源？
2. 这堂课教师是如何联系学生的生活及生活中的经验与体验的？
3. 这堂语文课是否被打乱了？完成教学任务的真正含义是什么？
4. 你认为课堂纪律、教学管理应当如何进行？侯老师的处理是否妥当？

小结

新课程改革强调要"改变过于注重书本知识的现状，关注学生的学习兴趣和经验，精选终身学习必备的基础知识和基本技能"等目标，意味着课程观的深刻变革：由"课程是知识"转向"课程是经验"。课程不再是学科知识的代名词，而是学生在学校所获得的一切教育性经验。

教材是课程的重要组成部分，是课程实施中的基本单位，是课程的重要体现和表现形式。教材是依据国家的教育方针和课程标准，组织学科教学的专家和其他相关人员开发、编写而成的极其重要的育人载体。形象地讲，教材是一部分课程内容的物化形态。“课程是经验”观念的确立，使课程成为教师为学生提供的学习机会，成为师生互动过程中产生的经验。教材是学生借以获得课程经验的中介和手段。应把教材看做是引导学生认知发展、生活学习、能力形成、人格建构的一种范例，不是学生必须完全接受的对象和内容，而是引起学生认知、分析、理解事物并进行反思、批判和建构意义的中介，强调教材是学生发展的“文化中介”，是师生进行对话的“话题”，教学活动的目的不是为了记住“话题”本身，而是为了通过“话题”这一中介进行交流，获得发展，教师应充分挖掘教材知识内在的教育价值。因此教材应该基于学科，同时又要超越学科，面向真实世界，发挥教材的真正功能。

第5部分
课程实施

学习目标

1. 了解课程实施的价值。
2. 理解学习方式转变的真正含义。
3. 把握教师在课程实施中的地位与作用。

方向导引

改变课程实施过于强调接受学习、死记硬背、机械训练的现状，倡导学生主动参与、乐于探究、勤于动手，培养学生搜集和处理信息的能力、获取新知识的能力，分析和解决问题的能力，以及交流与合作的能力。

——教育部文件：教基[2001]17号《基础教育课程改革纲要（试行）》

一、观点与原理

（一）学生是学习的主体，有着无限的发展潜力

教师的学生观制约着教师的教学观及教学行为，在“儿童无能论”的影响下，以往的教学是教师控制下学生的被动接受学习。此次课程改革重新明确学生的主体地位，同时指出学生有着无限的发展潜力，教师应建立新的学生观，对每一位学生的发展充满信心。

每个学生都有自己的头脑、性格、意愿、知识和思想基础，有自己的思维和行为规律。正如每个人都只能用自己的器官吸收物质营养一样，每个学生也只能用自己的器官吸收精神营养。这是别人不能代替、也不能改变的，教师不可能代替学生读书，代替学生感知，代替学生观察、分析、思考，也不能代替学生明白任何的一个道理和掌握任何规律。教师只能让学生自己读书、感受事物、观察、分析与思考，从而真正掌握知识、明白事理。以往的教学是教师主宰下的课堂，教师控制下的学习。教学是教师讲学生听，教师问学生答，教师写学生抄，教师给学生收的过程。教师教多少、学生学多少，教师怎么教、学生怎么学，学生只能跟着教师走，跟着教师的思维走，跟着教师的教案走，学生的学习独立性、自主性、积极性也因此受到遏制。新课程重新明确了学生的主体地位，明确教师是教的主体，学生是学的主体，教师的教是为了学生的学，教师不能将自己的观察、自己的思维强加给学生，也不能将结论直接告诉给学生，教师不能包办代替学生的学习活动，只能是激发、促进和引导。

学生不仅是学习的主体，而且他们有着无限的发展潜力，完全有能力自己做好自己的事情。在以往的教学中，教师总是不相信学生，虽然教师有时并没有清晰地认识到思想深层次中所持有的这种儿童“无知无能”观，但是，这种观念在影响、左右着教师的教学行为。认为学生是无知的，实际上剥离和忽视了学生已有的生活经验和学习经验。认为学生是无能的，也就剥夺了学生自己学习的权利，相应的也就剥夺了学生发展的机会。学生是发展中的人，并不代表他们没有发展潜力。实际上，每个学生都有可以挖掘的巨大潜能，加纳德的“多元

智能”理论也告诉了我们，每个学生都有自己的潜能，关键在于教师怎样去发现和挖掘。“学生不是有待填充的容器，而是需要教师点燃的火种”，相信学生，对学生充满信心，学生就一定会获得成功。

（二）学习是学生在教师的引导下主动建构自己知识的过程

教学中师生是平等对话的关系，但教师是“平等中的首席”，在相互对话与交往中，教师促进学生积极主动地建构自己的知识，师生共同获得发展。

学生是学习的主体，并不是说教学与以往相比来了一个180度的大转换，变成教师一味地跟着学生走，学生学什么，教师教什么，学生想学教师才教，学生不学教师也就不教。这是对教育的放弃，是对教与学的反叛。新课程在明确学生主体地位的同时，强调新型的教与学、新型的师生关系。教学成为教与学主体间的交往与互动，成为师生双方相互交流、相互沟通、相互启发、相互补充的过程。在这一过程中教师与学生分享着彼此的思考、经验和知识，交流彼此的情感、体验与观念，丰富教学内容，共同开发与创生着课程，体现着教学相长、共同发展。教师由教学的主角转向“平等中的首席”，由知识的传授者转变为学生发展的促进者，在平等的交往与对话中引导和激发学生学习。在这里，教师的引导应该做到含而不露、指而不明、开而不达、引而不发。引导的内容不仅包括学习方法和思维，同时也包括态度与价值观。教师的引导可以表现为一种启迪：当学生迷路的时候，教师不是轻易告诉方向，而是引导他怎样去辨明方向；引导也可以表现为一种激励：当学生登山畏惧了的时候，教师不是拖着他走，而是唤起他内在的精神动力，鼓励他不断向上攀登。①

这种引导下的学习是一个学生主动建构自己知识的过程。传统的课堂教学不仅是教师控制下的课堂，而且还是知识控制下的课堂，学生的学习在教师和知识的双层控制下毫无主动性而言。学生的学习只能是从教师那儿接受“真理性”的知识，学生和教师丝毫也不敢怀疑印刷在书本上的知识，不敢怀疑其真实性、准确性、可信性。我国教

① 朱慕菊.走进新课程——与课程实施者对话.北京：北京师范大学出版社，2002-4：129.

育理论的研究者袁振国认为，是中国教育推崇伦理道德教育的特殊传统，使得我们像对待孔孟之教、圣人之言一样对待科学知识，认为知识是预设的而非个人主体发现的，知识是正确的，只需要我们去记忆和遵从。在实践中，这种对知识、对书本知识的盲从导致许多教师在教书，学生在背书，学生的学习变成了机械记忆与背诵知识。针对于此，新课程强调学生的学习是学生自己通过多种学习方式主动建构知识的过程，强调学生在主动参与、积极探究、动手操作中进行建构性学习。

（三）学生的学习方式是多样的、独特的

学生以多种学习方式来建构自己的知识，接受学习与发现学习都是学生学习中不可缺少的方式。由于每个学生都是独特的人，所以每个学生的学习方式也是独特的。

学习方式是指学生在完成学习任务过程中基本的行为和认知取向，它不是指具体的学习策略和方法，而是我们熟悉的各种学习方法的上位概念。在教育心理学上，一般将学生的学习方式分为两种，即接受学习和发现学习。在接受学习中，学习内容是以定论的形式直接呈现出来的，学生是知识的接受者。在发现学习中，学习内容是以问题形式间接呈现出来的，学生是知识的发现者。两种学习方式都有其存在的价值，彼此也是相辅相成的关系。但是以往的教学在“效率至上”的思想下，过分强调和突出学生对知识的接受和掌握，冷落和忽视发现与探究，学生的学习变成仅仅是直接接受书本知识，甚至是死记硬背现成知识的过程。这种单一、被动、陈旧的学习方式摧残了学生的学习兴趣和热情，不仅不能促进学生的发展，反而成为学生发展的阻力，抑制了学生创新精神和实践能力的发展。针对于此，新课程强调将接受学习与发现学习相结合，突显学习过程中的发现、探究等认识活动，使学习过程更多地成为发现问题、提出问题、分析问题、解决问题的过程，在发现与探究中让学生学会运用现代信息技术搜集和处理信息，提高实践能力。相对于以往被动的、单一的接受学习，提倡发现与接受相结合的学习方式在自主性、探究性、合作性上的特征更为突出，也基于此，有不少人将多样的学习方式概括为：自主学习、探究学习和合作学习。

在明确学习方式多样性的同时，我们还应看到学生学习方式的个性化与独特性。每个学生都有自己独特的内心世界、精神世界和内在感受，有着不同于他人的观察、思考和解决问题的方式。也就是说，学生有着独特的个性，每个学生的学习方式本质上都是其独特个性的表现。实际上，有效的学习方式也都是个性化的，没有普遍适用的学习方式，对某个学生有用的学习方式，对其他的学生却未必有效。正如多元智能理论所指出的，每个人的智慧类型不一样，他们的思考方式、学习需要、学习优势、学习风格也不一样，因此每个人的具体学习方式是不同的。承认和尊重学习方式的个性化、独特性就要为学生创设个性化的学习空间与时间。强求所有的学生在同一时间内以同一方式掌握同一内容的知识，并达到同一效果和水平是不可能，也是不现实的。在多样化的学习方式中也要防止机械化，统一步调、"一刀切"的做法是不利于每个学生充分发展的。

(四)培养学生的创新精神和实践能力

创新是学生个性的体现，也是一个民族进步的灵魂，新课程强调转变学生的学习方式，其目的就在于培养学生的创新精神和实践能力。

学生在进入正规、系统的学校教育之前，对世界充满了好奇与幻想，有着各种各样的疑问。但是在接受正规教育后，封闭的课堂、接受式的教学使教师只重视学习的结论不重视学习的过程，只重视使学生学会不重视使学生会学，只重视知识的继承不重视知识的创新。学生有了科学知识(暂且不论是如何获得又是否真正理解)，却没有相应的科学精神、科学态度。学生有了对万事万物的标准答案，开始对自己的生活世界熟视无睹，不再有任何的好奇与怀疑。我们的基础教育、我们的课堂教学就如同一个机器零件的加工厂，将学生的棱角磨掉，将千姿百态的学生打磨成一个模子、一个类型的产品。经过多年教育之后的学生个性丧失，想象力、创造力、实践能力极低。有学者将这种课堂教学概括为"去问题式的教学"，教学的目的就是使学生没有疑问，没有问题。在一堂课结束以后学生没有问题时，教师就是圆满地完成了教学任务，获得了成功。

江泽民同志指出："创新是一个民族进步的灵魂，是国家兴旺发达的不竭动力。一个没有创新能力的民族,难以屹立于世界民族之林。”“面对世界科技飞速发展的挑战,我们必须把增强民族创新能力提到关系民族兴衰存亡的高度来认识。教育在培育民族创新精神和培养创造性人才方面,肩负着特殊的使命。”①因此,这次课程改革强调转变教学观念,在课程实施中倡导多种学习方式,让学生用自己的眼睛去观察、用自己的耳朵去倾听、用自己的嘴去说话、用自己的手去操作、用自己的头脑去思考,不盲从、不唯上、不唯书,求真、求实,敢于诘问、怀疑与批判,使学习过程成为一个富有个性的过程,变成通过问题来学习并不断生成问题的过程,以培养学生的创新精神与实践能力。

二、典型案例分析

(一)典型案例:探究《一元一次方程》

探究《一元一次方程》

下面是课改试验区胡老师上的一堂初一的数学课,内容是初一下册数学(华东师大版)的《一元一次方程》。

师:“同学们好! 老师昨天接受了一个任务,我们学校很快就要举行第三届艺术节了,为了庆祝艺术节的开幕,安排我们初一(2)班制作小彩旗。老师以此为话题设计了一个问题,同学们有兴趣研讨一下吗?”

生:“有。”(全体学生高声回答)

师:“请同学们看问题。”

[问题:**为庆祝学校艺术节开幕,初一(2)班学生接受了制作小旗的任务。开始时只有一半同学参加制作,每天制作40面。完成了三分之一以后,全班同学一起参加,结果提前一天完成任务,假设每人制**

① 周小山.教师教学究竟靠什么——谈新课程的教学观.北京:北京大学出版社,2002:111.

作效率相同，问共制作了小彩旗多少面?]

师："请同学们自己读题、思考，理解问题情景，然后试着列方程求解。"

学生立即静悄悄地读题，三五分钟之后，教室里有了动静，一部分学生紧蹙的眉头展开了，埋头在本上写了起来，慢慢的大部分同学也在自己本上刷刷地写了起来。更有5名同学自己跑到黑板前进行板演。10分钟后，教室里举起了一只只小手。

师："同学们，你们找到了解决问题的方法了吗?"

生："老师，找到了。"

生："老师，我找到了两个办法。"

"我有三个办法!""我有四个!"一声高过一声，教室里涌动着激动、振奋。

师："好，太好了。那你先把自己的想法给你的同伴说说吧。"

于是，教室里三个一堆，五个一组，叽叽喳喳，同学们各抒己见，争吵得不可开交。

慢慢的，教室里趋于平静。

师："下面请各小组把本组的方案展示出来。"

各个小组纷纷把自己的方案放到实物展台上。嘿，好家伙，一下子给出了这么多办法。黑板上5名同学给出了以下三种方法：

1.解：设共制作x面，由题意得

$$\frac{x}{40}-\left(\frac{\frac{1}{3}x}{40}+\frac{\frac{2}{3}x}{80}\right)=1\frac{1}{2}$$

$x=180$

答：(略)

2.解：设共制作x面，由题意得

$$\frac{\frac{2}{3}x}{40}-\frac{\frac{2}{3}x}{80}=1\frac{1}{2}\quad x=180$$

答：(略)

3.解：设开始的一半同学制作x面，由题意得

$\frac{2x}{40}-\frac{2x}{80}=1\frac{1}{2}$　$x=60$

$\therefore 3x=180$

答:(略)

师:“下面我们一起研究这三种方法。先请这三个式子的作者介绍自己的设计思路。”

……

师:“谁愿意再给同学们解释一下上面方程各个式子的含义?”

学生纷纷举手,抢着回答,而且回答得相当不错。

师:“王健,你来给同学们解释一下,好吗?”师眼角的余光发现平常文静而腼腆的王健同学想举手又不敢举的样子,马上让她起来回答。

全体同学等待着她慢慢地思考着说出了几个式子的含义。“好!”师情不自禁地说,“同学们说她讲得好不好?”“好!”

师:“我们鼓励她一下。”(教室里响起了热烈的掌声)

“老师,我还有别的办法。”刘洋站起来说。

师:“请讲。”

刘洋:“老师,我设的是制作小彩旗用的天数。”他把自己的方案放到实物展台上。

4. 解:设开始的一半同学制$\frac{1}{3}$用了 x 天,则全部完成要用 $3x$ 天,而实际制作剩下的用了 x 天,由题意得 $3x-2x=1\frac{1}{2}$

$x=1\frac{1}{2}$　$\therefore 40\times 3x=180$

答:(略)

师:“这好啊,说说你的想法。”

刘洋:“老师,刚才他们都用式子表示了制作用的天数,我就直接设了个天数,一下子就作出来了。”

师:“你还真能想。好,请坐。”

“老师,刘洋的解法中的方程也可以这样。”荆振宇站起来说。

师:“好,让同学们欣赏你的方案。”

展台上出现了以下解法。

5. 解：设开始的一半同学制 用了 x 天，则制剩下的$\frac{2}{3}$要用 $2x$ 天，而实际制剩下的用了 x 天，由题意得 $2x-x=1\frac{1}{2}$　$x=1\frac{1}{2}$　$\therefore 40\times 3x=180$

答：(略)

嘿，确实可以，这与解法 2 有异曲同工之妙。

师："我们运用自己的智慧，已发明了 5 种方法，同学们还有别的方法吗？"

学生都以探寻的目光相互看着。看来有难度。

"老师，我设的也是天数，只不过我用的是全部同学做的小彩旗面数与一半同学继续做的话制作的面数相等的关系，这是我的解法。"课代表何翔说。

6. 解：设制剩下的$\frac{2}{3}$要用 x 天，由题意得 $80x=40(x+1\frac{1}{2})$

$\therefore 40\times 3x=180$

答：(略)

师："好，不错，很有见地。那谁能说一下她这个方程的含义？"

"老师，我说。"

从不敢大声说话的郑可新同学竟然也一反常态了，在那么多听课的老师面前，他流利地说出了各代数式及方程的意义。他的回答赢得了满堂喝彩。

……

资料来源：李春德. 课堂教学案例选. 南京：江苏教育出版社，2002：104-110.

(二)案例分析

数学课程要促进学生全面、持续、稳定的发展，"它不仅要考虑数学自身的特点，更应遵循学生学习数学的心理规律，强调从学生已有的生活经验出发，让学生亲身经历将实际问题抽象成数学模型，并进行解释与应用的过程"①。这堂课,其突出的特点就是在引导学生建立数学模型的过程中,倡导主动探究,合作交流,自由表达。

1.创设问题情境

主动探究要是学生感兴趣的问题,这节课内容比较抽象,为了不让学生局限于抽象的数学世界之中,教师结合学生经验和生活实际进行挖掘,创设了一个真实的问题情境,激发学生兴趣,让学生思考如何解决问题。

2. 主动探究

教师还思维时间、空间给学生,少教少讲是为了让学生多思、多讲。学生带着问题先独自思考,后合作交流,又在交流中产生新方法,从3种方法到6种方法,学生的数学思维由单一性、平面性、惯性向发散性、立体性、机智性发展。这些都得益于教师收放得当、指而不明、开而不达、引而不发,不代替学生思维,不牵着学生的鼻子走,给学生足够的思考、探究、表达的空间与时间。

3. 合作交流

学习方式的多样化其中也包括给学生相互交流、交往的时间与空间,让学生在交流中思维相互撞击,互相获益,在合作中学会分工与互助。这节课,教师在学生自己思考的基础上让学生相互交流,提出小组意见,这种让学生多一些合作与交流的意识相当好。

4. 自由表达

学生不仅要主动探究、积极思维,还要自由表达,将自己的思维过程讲述清楚,有条理,有逻辑。教师少讲是为了让学生多讲,学生讲的过程也是在对自己原先思维进行反思的过程,学生的交流与表达也激起其他学生积极思考与表达的愿望。

总之,这节《一元一次方程》课为我们提供了如何在初中、在较抽象的教学内容中,让学生联系生活进行主动探究的很好的例子,也可以从中看出课改实验区教师在不断进步与成长。当然,案例之中也有一些不足之处。例如,教师可以让学生想一想生活中是否遇到过类似

---

① 中华人民共和国教育部.全日制义务教育数学课程标准(实验稿).北京:北京师范大学出版社,2001:1.

的问题，自己是怎么解决的。另外，在小组合作中，学生的讨论还较多地以自我为中心，没有较好地分工与合作、表达与倾听，这也就出现了大家都在叽叽喳喳的现象，而表面的热闹未必代表内在的交流和真正的合作。这也是需要我们在倡导学生协作、合作过程中注意的一个方面。

三、思想资源库

关于课堂交往的一组调查

有人对我国中学生课堂言语交往行为进行研究，结果表明：学生在课堂中回答教师提问行为次数占学生课堂言语交往行为总次数的93.8%，而学生提问、异议比重分别为1.7%和2.7%。对于长期在这种没有提问机会的课堂教学环境中培育出来的学生，即使给他们提问的机会，他们一时也难以享用。在调查中发现，大部分学生从不敢向老师提问题，敢于在课堂上向老师提问题的学生极少。

资料来源：钟启泉，金正扬，吴国平. 解读中国教育. 北京：教育科学出版社，2000：110.

调查发现，在87%的课堂教学中，学生间的交往所占的时间仅为13.5%，且主要是单向的静态沟通，群体间的交往极为缺乏。

资料来源：吕世虎，肖鸿民. 中国基础教育课程与教学研究. 北京：中国人事出版社，2002：111.

关于学生学习方式的一组调查

教育部基础教育司1997年5月在9个省、市对城乡16000多名学生、2000多名校长和教师、部分社会知名人士进行了调查，调查结果显示：校长和教师认为学生以被动接受方式学习的比例，小学为79%，初中为90%，表明我国义务教育目前的教与学的方式，以被动接受式为主要特征。具体表现为：教学以教师讲授为主，很少让学生通过自己的活动与实践来获得知识、得到发展；依靠学生查资料、集体讨论为主的学习活动很少；教师经常布置的作业多是书面习题与阅读教科书，而很少布置如观察、制作、实验、读课外书、社会调查等实践性作业；学生很少有根据自己的理解发表看法与意见的机会，课堂教学在一定程度上存在着“以课堂为中心、以教师为中心和以课本为中心”的情况。

资料来源：钟启泉，崔允漷，张华. 基础教育课程改革纲要解读. 上海：华东师范大学出版社，2001：250.

目前，从我国学校教育的实际来看，仍然是老师讲，学生听，课后练（主要是书面练习）。这样的方式得到社会和家长们的广泛认可。这样的教学方式是否受学生欢迎？是否有效呢？1998年10月，中国青少年研究中心、北京师范大学教育系和北京出版社对全国10个城市的中小学生进行了调查，其结果令人深思。

	最喜欢的学习方式(%)				认为最有效的学习方式(%)			
	小学生	初中生	高中生	总计	小学生	初中生	高中生	总计
实验	19.4	31.5	24.2	25.9	11.0	18.5	18.5	17.0
用电脑	23.9	21.1	20.1	21.2	19.6	12.2	8.9	12.1
读课外书	14.6	11.3	12.1	12.3	10.8	7.0	4.4	6.6
听讲	9.5	6.9	8.7	8.3	14.0	21.3	25.7	21.9
聊天	3.6	7.6	10.7	8.2	2.2	2.5	4.0	3.1
去图书馆	8.3	5.8	5.8	6.3	8.3	4.7	3.3	4.7
看电视	4.9	5.2	6.2	5.6	0.8	1.4	1.1	1.1
作业练习	6.7	3.6	5.4	5.0	13.8	17.7	21.1	18.5
参观	3.8	2.4	4.3	3.5	2.0	0.8	0.6	0.9
考试	3.0	2.8	1.0	2.1	11.5	9.4	6.1	8.3
背诵	2.3	1.8	1.4	1.7	6.0	4.7	6.4	5.7

从表中数据可以看出，学生最喜欢的学习方式依次为实验、用电脑、读课外书；学生认为最有效的学习方式依次是听讲、作业练习、实

验和用电脑。

显然,学生喜欢的学习方式和他们认为最有效的学习方式之间有明显的差别。差别比较大的项目包括听讲、作业练习、考试等。学生中表示喜欢这些学习方式的人很少,然而认为这些方式有效的人却比较多。可以看出,学生认为“有效”的学习方式,一方面是目前学校教育最常用的方式,同时也是应付考试的主要学习途径。

资料来源:孙云晓.21世纪教师与父母必读.北京:北京出版社,1999:57.

一份关于学生学以致用情况的调查报告

中国青少年研究中心和北京师范大学教育系于1998年10月对10个省市3737名中小学生调查表明,随着学生年级的增长,升学的压力愈大,学习愈书本化,学生学以致用的习惯和能力愈差。

此次调查在学会做事方面有这样一个问题:“我喜欢把学习到的知识用来解决或解释生活上遇到的问题。”调查结果如下:

		完全符合	比较符合	不太符合	完全不符合
小学生	%	51.6	32.2	11.6	4.6
初中生	%	47.7	36.9	13.0	2.4
高中生	%	37.7	43.5	16.5	2.3
家长报告	%	29.9	49.2	18.9	2.0

调查结果显示,年级差异十分显著:年级越高,越不喜欢学以致用。原因之一是考试压力越来越大,学生只知道学习而较少考虑学习是为了运用。同时,教师也没有时间和精力指导学生运用所学的知识去解决生活中的实际问题。原因之二是现有的课程设置和教材编写过分学科化、城市化、精英化和理论化,脱离生活和社会实际。从家长的回答中,我们也可以看出孩子平时的表现。在问及家长“你是否经常看到或听到孩子运用学到的知识解决实际问题,或对各种事物或现象作解释”时,只有不到30%的家长非常肯定孩子的表现;而20%多的家长报告孩子“不能运用所学的知识”。

资料来源:孙云晓.21世纪教师与父母必读.北京:北京出版社,1999:89-91.

传统语文教学中的启发诱导

在传统的语文教学中，一些教师往往把教学设计定得过细过死，使语文课成为一成不变的模式化结构，高明一些的则把语文课设计成一个圈套，到课堂上让学生往圈套里钻，牵着学生的鼻子走。笔者曾听过这样一节课(《草船借箭》)：

师："你认为诸葛亮是个怎样的人?"

生："他是个机智的人，很会想办法。"

生："他对人很诚恳，所以鲁肃对他也很热情。"(教师不语)

生："他很聪明。"(显然不是教师所期望的)

师："诸葛亮仅仅是聪明吗?"(进行启发)

生："还很勇敢。"(又岔开了)

师："为什么?"

生："因为他敢带几千人到曹营那儿去叫阵。"(学生纷纷赞同)

师："那么，请你用一个好一点的词!"(再次启发)

生："机智勇敢。"

师："还有没有更好的词?"(老师有点不悦，提高了声调)

生："聪明至极。"

生："视死如归。"(老师有点不耐烦了)

生："足智多谋。"

师："书上有没有?"(终于熬不住了)

生："神机妙算。"(教师总算放下了心中的一块大石头)

资料来源：严明强.转变几个小学语文备课观.小学语文教学，2003(9)：19.

同样的内容不同的学习

据报载，一个小学女生听老师讲蚯蚓的再生能力很强，把它弄成两段后，这两段会各自发展成为一条完整的蚯蚓。这小孩子听后觉得非常有趣和好奇。回家后，她弄来一条蚯蚓并把它切成两段，放到泥土里摆在窗台上养起来。不料，她妈妈看到以后，愤怒地把蚯蚓扔到阳台外而且打了孩子一巴掌。这位母亲可能想不到这一巴掌的严重后果。这一巴掌很可能就打掉了一个女科学家。

资料来源:钟志贤,范才生.素质教育:中国基础教育的使命.福州:福建教育出版社,1998:56.

曾有一中国教育考察团到美国一所小学听课。老师讲的是"蚯蚓"。老师将课前准备的一包蚯蚓放在讲台上,要求孩子们每人捉一条放在课桌上。由于孩子们都很小,或从来没有捉过蚯蚓,教室里乱作一团,不时还有孩子惊恐的尖叫声。老师站在一旁一直默不作声。这一过程一直持续了15分钟。终于每个孩子都捉了一条蚯蚓放在桌上了。

这时,老师才开始"上课"。要求孩子们仔细观察,看课桌上的蚯蚓有什么特点,然后发表自己的看法。

有孩子说:"蚯蚓身上一环一环的。"

有孩子说:"蚯蚓贴地的一面毛茸茸的。"

每一个孩子的回答,老师都给予鼓励。

有孩子说:"我做了一个实验。我把蚯蚓切成两段,结果两段都还不停地动,说明蚯蚓生命力很旺盛。"

老师对此更是大加赞赏。

再一个孩子说:"我也做了一个实验。我用一根线拴在蚯蚓的身上,然后把蚯蚓吞进喉咙里,过了一会再拉出来看,结果蚯蚓仍然是活的。这进一步证明蚯蚓生命力很强。"

老师异常激动地说:"你太了不起了!你为了科学实验大胆尝试的精神,值得老师和每一位同学学习。"于是全班同学为他热烈鼓掌。

这堂课就这样热热闹闹地结束了。课后,考察团与这位老师座谈。问这位老师:"学生捉蚯蚓的过程持续了15分钟,你为什么一言不发?为什么不让课堂尽快安静下来呢?"这位年轻的女老师只回答了一句话:"假如这些孩子连一条蚯蚓都捉不住,那我今天的课还有什么价值呢?"

资料来源:周小山.教师教学究竟靠什么——谈新课程的教学观.北京:北京大学出版社,2002-6:135-136.

加纳德的多元智能理论

加纳德认为,智力是多元的,人除了言语/语言智力(verbal/linguistic intelligence)和逻辑/数理智力(logical/mathematical intelligence)两种基本智力以外,还有其他七种智力,它们是视觉/空间关系智力(visual/spatial intelligence)、音乐/节奏智力(musical/rhythmic intelligence)、身体/运动智力(bodily/kinesthetic intelligence)、人际交往智力(interpersonal intelligence)、自我反省智力(intrapersonal intelligence)、自然观察智力(naturalist intelligence)和存在智力(existential intelligence)。

加纳德认为,每个学生都在不同程度上拥有上述九种基本智力,智力之间的不同组合表现出个体间的智力差异。教育的起点不在于一个人有多么聪明,而在于怎样变得聪明,在哪些方面变得聪明。在加纳德看来,智力并非像传统智力定义所说的那样是以语言、数理或逻辑推理等能力为核心的,也并非是以此作为衡量智力水平高低的唯一标准,而是以能否解决实际生活中的问题和创造出社会所需要的有效的产品的能力为核心的,也是以此作为衡量智力高低的标准的。

资料来源:吕世虎,肖鸿民.中国基础教育课程与教学研究.北京:中国人事出版社,2002:51.

"老师是一只青蛙"

那是个阳光灿烂的日子,同往常一样,我们又该学习新课了。不同的是,有许多老师来听课。

学习的课文是《坐井观天》,一切都在有条不紊地进行着。以前,每次学完这堂课,为了培养同学们的创造性思维,我都要让他们根据课文内容展开想象,以"青蛙跳出井口了"为题进行说话、写话训练,效果非常好。按照惯例,学完新课后我又一次让同学们想象青蛙要是跳出井口了将会怎样呢?同学们的学习兴趣又一下子被激起来,有的和同桌互说,有的前后位凑在一起争论,还有的仰起小脸在思考。

待平静下来,我开始点名。李梦说:"青蛙跳出井口后,看到了无边无际的大海,波涛声吓得它忙向小鸟求救。"王婉佳说:"青蛙看到了高高的山峰和一眼望不到边的田野,田野里开满了五颜六色的花儿,上面飞舞着蝴蝶和蜜蜂,青蛙陶醉了,它觉得以前的日子都白过了。"孙艳蔷同学竟然让青蛙坐上了飞机去环球旅行,青蛙一下飞机就对小鸟说:"不看不知道,世界真大啊!"听课老师都被她的话逗笑了,我也没想到她会把正大综艺的广告词"不看不知道,世界真奇妙"改用得这么恰当。

张雨是新转来我班的学生,我看到她把手举得高高的,便点了她的名。她站起来说:"青蛙从井里跳出来,它到外面看了看,觉得还是井里好,它又跳回了井里。"同学们听了哄堂大笑,我也笑了。我打断了她的话,问大家:"是井里好,还是井外好?"我示意张雨坐下,随口说道:"我看你是一只青蛙,坐井观天。"之后,我又让大家把自己想的和说的写出来。

在批阅同学们交上来的作业时,我看到了张雨续写的故事:青蛙跳出井口,它来到一条小河边,它累了想去喝水。突然,它听到一声大吼:"不要喝,水里有毒!"果然,水上漂着不少死鱼。它抬头一看,原来不远处有一只老青蛙在对它说话。它刚要说声谢谢,就听到一声惨叫,一柄钢叉已刺穿了那只老青蛙的身子,那只老青蛙正在痛苦地挣扎。青蛙吓呆了,这外面的世界太可怕了,它急忙赶回去,又跳到了井里。还是井里好,井里安全啊!

我的心被震撼了。河水里常漂有死鱼,菜市上也常有卖青蛙的,这都是有目共睹的,让青蛙跳回井里又有什么不好?可我却没有给她一个发表自己观点的机会。倘若让她把话说完,不仅同学们不会再笑话她,而且也将给我的课堂教学增添一抹亮色。我不是要培养他们创造性的思维吗?可我竟然说她是一只坐井观天的青蛙。孩子的心灵就像井外那多彩的世界,需要跳出来的恰恰是自以为是的我自己!我在张雨的作业下的空格里工工整整地写下一句话:"对不起,老师是一只青蛙。"

资料来源:周小山.教师教学究竟靠什么——谈新课程的教学观.北京:北京大学出版社,2002:76-77.

信息时代的阅读方式

大学教授谭浩强说，现在衡量人才的标准已经由知识的积累改变为知识的检索和知识的创造。人应该在最短的时间内，用最有效的方法获得原来不知道的知识，这是新时代有学习能力的象征。……最显著的要数同电子资料库对话中的高效检索式阅读。

比如自1985年起，我国用7年时间将中华书局校点本《二十五史》输入电脑，建立了"二十五史全文检索系统"。当你想从中查找气象方面有关"风"的资料时，用传统的阅读检索方式需要付出的时间和经历是可想而知的。而今运用超文本阅读和计算机自动检索的方式，只需键入"风""气象"等关键词，并加以必要的限制（排除与气象无关的"风"），短短6秒钟后，电脑就会在通读二十五史全文的基础上为你筛选出10968段相关资料和14918个词目，组成一个特殊的文本供你阅读。如果你还想简化，则可以再次与计算机对话，直至获得满意的结果为止。

不难想象，这些阅读方式的巨大变化将给我们的学习方式和学校教育的方式带来怎样的巨大变革。1995年，全世界的电子百科全书的销量已经超过了用纸张印刷的百科全书的销量。假如你今天还没有学会信息时代的阅读方式，恐怕就有落伍之虞了。

资料来源：周小山.教师教学究竟靠什么——谈新课程的教学观.北京：北京大学出版社，2002:128.

多样的知识获取途径

2000年9月，北京教育学院"国际理解教育研究"课题组在对北京市青少年"国际理解素养"进行调查后发现，学生对学校课程体系中传授的知识遗忘率比较高，对于植根于各民族人民生活之中的知识了解得也比较肤浅或者视而不见。他们的调查研究表明：学生获取知识的途径不一样，其效果相差甚远。

类别	学校课程的讲授	其他事情的经历与体验	书、报、杂志	影视
途径	听讲、读写、训练、很少有情感与体验	尝试实践、经历、体验	阅读、思考	视、听
特点	较系统、面窄(与教师教育观念和知识面相关)、封闭	特定(与兴趣、环境、经验相关)	广阔(与兴趣相关)、开放、零散	广阔(与兴趣相关)、开放、零散、残缺
程度与效果剖析	准确;促人勤奋;但理论与实践脱节,纸上来得虚浅	深刻;迁移度强;易应用于实践,对学生终生管用	较准确;增强求知;大多数有利于知识拓展和形成能力	含糊;潜移默化;针对性差,选择度低;从众,依赖性越来越强

资料来源:周小山.教师教学究竟靠什么——谈新课程的教学观.北京:北京大学出版社,2002:95.

建构主义关于学习的理论

建构主义流派众多,但无论何种派别在看待知识与学习上都有共同之处。在对待知识的看法上,建构主义者一般强调,知识并不是对现实的准确表征,它只是一种解释、一种假设。科学的知识包含真理性,但不是绝对的、唯一的答案。随着人类的进步,新的假设将不断产生。知识并不能精确地概括世界的法则,而是需要学习主体针对具体情境进行再创造。在对待学生的学习上,建构主义认为,学习活动不是由教师向学生传授知识,而是学生根据外在信息,通过自己的背景知识建构自己知识的过程。在这个过程中,学生不是被动的信息吸收者和刺激接受者,他要对外部的信息进行选择和加工。而且,知识的意义也不是简单地由外部信息决定的,外部信息本身没有意义,意义是学习者通过新旧知识和经验间反复、双向的相互作用过程而建构成的。每个学习者都以自己原有的经验系统为基础对新的信息进行编码,建构自己的理解,而原有的知识又因为新经验的进入而发生调整和改变。所以学习并不简单是信息的量的积累,它同时包含由于新旧经验的冲突而引发的观念转变和结构重组。

资料来源:吕世虎,肖鸿民.中国基础教育课程与教学研究.北京:中国人事出版社,2002-7:54-55.

"建构知识"意味着什么

知识,首先我们可以将其区分为公共知识和个体知识。公共知识即在人们长期的交往实践中所达成共识的、约定俗成的一些规定。比如数学中的"十进制",三角形的内角和为180°;比如一个字的书写和发音;比如一个物体的命名等等。

公共知识是人们建构的产物。这个命题的意含是:公共知识就像房屋、桥梁、玩具、汽车一样是建构的产物;而不是像金子、石油、煤炭一样是发现的结果。"发现"意味着,不管你是否发现,它都"存在"在那里,它具有客观的独立性。而"建构"则渗透着人们的主观意趣,知识的建构是基于人们的利益、立场、需要、趣味、眼界、胸襟而实现的。

"公共知识是建构的产物"这一命题的衍生意义就在于:以事实、概念、命题、公式、定理等等为表征形态的公共知识,并不是天经地义的,它不过是人们按照某一规则约定俗成的结果。

公共知识是建构的产物,就意味着一切都可以质疑,一切都可以修正,如果有必要,一切都可以推倒重来。关键在于投入与产出上是否值得。这样一来,知识就可以成为解放人的力量,而不是压抑人的力量。科学革命之所以发生,就是因为旧的知识体系,旧的范式已经不能有效地解释新的问题,旧的体系和范式成为了人类认识发展的禁锢的力量。波普尔说,科学知识基本上只是猜测性的,这个猜测的过程是永无止境的,因为人类对与外部世界和对人类自身的探索是永无止境的。

在"个体知识"这一层面上,知识有这样两个层面的意含:知道与见识。许多的所谓"知识竞赛"其实只是"知道竞赛"。所谓知识,一定要包括个人理智的洞见。比如,《红楼梦》的作者是谁?如果你没有真正阅读过《红楼梦》，没有研究过曹雪芹何以能写出《红楼梦》，没有研究过作者所生存的时代、他的家世、他的生活经历、他的个性风格与《红楼梦》的主题、故事情节、人物刻画和语言风格之间的关系，你即使知晓《红楼梦》的作者是曹雪芹，那也仅仅是“知道”，而不是“知识”。

……

建构一方面是对新信息的意义的建构，同时又包含对原有经验的改造和重组。学习者以自己的方式建构对于事物的理解，从而不同的人看到的是事物不同的方面，不存在唯一的标准的理解。但是，通过学习者的合作可以使理解更加丰富和全面。

因此，教学过程要重视学生对过程的参与、亲历，要关注学生的经验背景和意义网络，要注重情境的创设。

资料来源：肖川.建构知识意味着什么.中国教育报，2003-8-9.

自主学习、探究学习与合作学习

自主学习（意义学习）是相对于被动学习（机械学习、他主学习）而言的，是指教学条件下学生的高质量的学习。而合作学习是指教学条件下学习的组织形式而言的，相对的是个体学习与竞争学习。探究学习（发现学习）则是相对于接受学习而言的。

（一）自主学习

根据国内外学者的研究成果，自主学习概括地说就是“自我导向、自我激励、自我监控”的学习。具体地说，它具有以下几个方面的特征：学习者参与确定对自己有意义的学习目标，自己制定学习进度，参与设计评价指标；学习者积极发展各种思考策略和学习策略，在解决问题中学习；学习者在学习过程中有情感的投入，学习过程有内在动力的支持，能从学习中获得积极的情感体验；学习者在学习过程中对认知活动能够进行自我监控，并作出相应的调适。

这里所说的自主学习是指教学条件下的学生的高品质的学习。所有的能有效地促进学生发展的学习，都一定是自主学习。大量的观察和研究充分证明，只有在如下情况下，学生的学习才会是真正有效的学习：感觉到别人在关心他们；对他们正在学习的内容很好奇；积极地参与到学习过程中；在任务完成后得到适当的反馈；看到了成功的机会；对正在学习的东西感兴趣并觉得富有挑战性；感觉到他们正在做有意义的事情。要促进学生的自主发展，就必须最大可能地创设让学生参与到自主学习中来的情境与氛围。

（二）合作学习

合作学习是指学生在小组或团队中为了完成共同的任务，有明确的责任分工的互助性学习，它有以下几个方面的要素：积极承担在完成共同任务中个人的责任；积极地相互支持、配合，特别是面对面的促进性的互动；期望所有学生能进行有效的沟通，建立并维护小组成员之间的相互信任，有效地解决组内冲突；对于个人完成的任务进行小组加工；对共同活动的成效进行评估，寻求提高其有效性的途径。

合作动机和个人责任，是合作学习产生良好教学效果的关键。合作学习将个人之间的竞争转化为小组之间的竞争。如果学生长期处于个体的、竞争的学习状态之中，久而久之，学生就很可能变得冷漠、自私、狭隘和孤僻，而合作学习既有助于培养学生合作的精神、团队的意识和集体的观念，又有助于培养学生的竞争意识与竞争能力；合作学习还有助于因材施教，可以弥补一个教师难以面向有差异的众多学生教学的不足，从而真正实现使每个学生都得到发展的目标。

在合作学习中由于有学习者的积极参与，高密度的交互作用和积极的自我概念，使教学过程远远不只是一个认知的过程，同时还是一个交往与审美的过程。研究表明，如果学校强调的是合作而非竞争，既不按智力水平分班，又不采取体罚的措施，那么这种学校就不太会发生以大欺小、打架斗殴以及违法犯罪等事件，同时也不会因为强调竞争而降低学习成绩。事实证明，要提高一个孩子的学习成绩，更有效的办法是促进他的情感和社会意识方面的发育，而不是单纯集中力量猛抓他的学习。

合作学习可以帮助学生通过共同工作来实践其社会技能。在合作式的小组学习活动中可以培养学生的领导意识、社会技能和民主价值观。

（三）探究学习

所谓探究学习，即从学科领域或现实社会生活中选择和确定研究主题，在教学中创设一种类似于学术（或科学）研究的情境，通过学生自主独立地发现问题、实验、操作、调查、信息搜集与处理、表达与交流等探索活动，获得知识、技能，发展情感与态度，特别是探索精神和创新能力的发展的学习方式和学习过程。

探究学习相对的是接受学习。接受学习将学习内容直接呈现给学习者，而探究学习中学习内容是以问题的形式来呈现的。和接受学习相比，探究学习具有更强的问题性、实践性、参与性和开放性。经历探究过程以获得理智和情感体验、建构知识、掌握解决问题的方法，这是探究学习要达到的三个目标。“记录在纸上的思想就如同某人留在沙上的脚印，我们也许能看到他走过的路径，但若想知道他在路上看见了什么东西，就必须用我们自己的眼睛。”德国哲学家叔本华的这番话很好地道出了探究学习的重要价值。探究学习也有助于发展学生优秀的智慧品质，如：热爱和珍惜学习的机会，尊重事实，客观、审慎地对待批判性思维，理解、谦虚地接受自己的不足，关注好的事物等。

资料来源：肖川．新课程与学习方式的变革．中国教育报，2002-6-3.

海阔凭鱼跃　天高任鸟飞

——谈美术新教材开放式教学有感

初次接触到新教材，我深深地感觉到这本教材真“热闹”。在教学中，学生的活动多、工具多、“玩”的多、自由发挥的多，美术课给学生提供了更广阔的空间。学生不是乖乖地坐在小椅子上听讲、静静地趴在桌子上作画，而更多的是采用开放式的学习。所谓开放式教学，是强调活动参与过程的学习，知识是通过探索和思考，由自己发现并获取的，从而发展学生的认知能力。……例如，《我的手》一课，我没有像以前那样把各种方法一一演示给学生看，而是像开办自助餐似的给学生提供若干种工具材料，并提问：“你的小手长什么样呢？你怎样才能把它表现在作业纸上呢？”学生争先恐后地都想来试一试。结果有的用颜料印，有的勾边装饰，有的用泥印，还有的用水、用沙子等，各种方法不同，效果不同，但却是让自己特有的手出现在黑板上、纸上、屏幕上。学生们的兴致达到了高潮，整节课没有老师的刻意讲解，只有学生自己的探索尝试，在探索中展现自己的手，也展现了自己的聪明才智，这就是开放式学习的魅力所在。……实行开放式教学，让学生到生活中去，到自然中去，到社会中去，让他们从直接经验中获得视觉概念，展现生活中的美。例如，《多彩的秋天》一课，为配合学校进行采摘柿子这一活动，我把此课改为了《柿子大丰收》。课堂上通过带学生参观柿子树，想象摘柿子的过程和方法、品尝柿子等，让学生在实践中亲自体验，获得灵感，学生有情有感，创作起来就更自如了。于是，跟柿子有关的情景出现在画面上，摘柿子、数柿子、吃柿子、柿子车、柿子房子、柿子节和柿子跳舞……学生抛弃了成人眼里的比例、透视、大小的局限，大胆作画，有的把柿子画得比人还大呢，表现出一派丰收的景象。

资料来源：梁庆. 海阔凭鱼跃　天高任鸟飞——谈美术新教材开放式教学有感. 北京教育，2003(21)：41.

教学片断

以下是某小学一年级教师帮助学生形成动物的初级概念的教学片断——

师："为什么说鸡、鸭、猪是动物？"

生："因为它们都会叫唤。"

师："对吗？蚯蚓不会叫唤，可是它也是动物呀！"

生："蚯蚓会爬，会爬、会走的生物都叫动物。"

师："鱼可不会爬，也不会走，只会在水里游；鸟会飞，它们不是动物吗？"

生："它们是动物，因为它们都会活动，能活动。"

师："对了，能活动的生物叫动物。可是飞机会飞，是不是动物？"

生："飞机自己不会飞，是人开动的，它没有生命，是人造的，不是动物。"

师："对了，能自己活动的生物才叫动物。"

……

资料来源：余会莲，梁建中. 课堂教学中的"零"理念. 人民教育，2003(9)：35.

问题解决式的地理教学

要根据教学内容的特点、学生年龄特征、学校条件，选择地理教学方式方法。

……

在学习经纬网知识时，教师可以采用问题解决式的教学方式，将学习内容转化为问题。教师提出问题：一艘海上遇难船只如何向别人报告自己的位置？并在一个球体表面上标出假想遇难船只的位置。

理解问题。让学生边观察边议论，然后教师引导学生认识到，这实际上就是"如何在地球表面确定一个点的位置"的问题。进而引导学生运用生活经验，提出确定某一学生在教室里的座位或者电影院里找座位的方法。

寻求解决问题的方法。教师引导学生把生活中确定座位的方法概括为利用"行"与"列"定点的方法。

把已找到的方法运用到问题解决的实际情境中。学生会联想到可在空白球面上通过遇难船只这一点划两条十字交叉的线，但怎样向别人描述这两条线的交点是一个新问题。教师由此引出经纬线、经纬度与经纬网的知识。学生观察地球仪并阅读课本，理解经纬线、经纬度与经纬网等概念。

问题的解决。遇难船只报告它所处经纬度（船上配有显示经纬度的仪器），让别人知道其在茫茫大海上的位置。

资料来源：全日制义务教育地理课程标准（实验稿）．北京：北京师范大学出版社，2001：18-19.

在探究中体验

——"面积与面积单位"教学片断

在学生认识 1 平方分米，并用 1 平方分米测量方凳面、课桌面的面积后——

师："请同学们分成小组测量我们上课舞台的面积，测量过程中有

什么困难和问题可以来找老师。”(上课地点在剧院)

学生纷纷离位,自愿结合,非常投入地测量起来。

一会儿,有学生回到座位拿凳子,搬桌子,教师始料未及,疑惑不解。

有学生跑到教师面前……

在学生充分体验后,教师请学生回到座位上。

教师走到学生甲面前:“刚才你测量了一会儿就找我来了。你找我要什么?”

生甲:“我想要大一点的面积单位。”

生乙抢答:“有现成的凳子。”

师:“老师想不出刚才你们拿凳子、搬桌子是什么意思?”

生乙:“我们已经测量出方凳面的面积是9平方分米,用9平方分米测量要比用1平方分米快。”

师:“真了不起!”

生丙:“我想这个舞台上除了黑板外,就数课桌面积最大,我搬课桌量舞台的长,看一排能量几次,再量舞台的宽,看能量几排。知道了课桌面的面积,就能算出舞台的面积。”

师:“太有创意了!拿凳子量,搬课桌量,都说明1平方分米太小了,需要一个大一些的面积单位……”

……

资料来源:聂艳军.在数学活动中享受数学.中小学数学.2003(7、8).

探究:不要“冷落”了课本

现象:这是一节《简单统计》的新授课,整节课教师和学生都没用过课本,我甚至发现有的学生根本就没带课本,我就问:“忘带书了?”学生狡黠地一笑:“老师说了,这节课不用书。”

分析:任何学习都是一个学习者自主建构的过程,学生的学习活动离不开学习主体与文本之间的交互作用。也许有人会问:课本都让学生读了,还有什么可以“探究”呢?其实探究学习并不排斥对文本有意义的接受学习,相反很需要应用这种学习方式来扩充认知的背景,提高探究的起点。否则,像“三角形”名称之类的知识也让学生去猜测、发现，不仅浪费时间而且毫无意义。数学教师应该创造更多的机会让学生与课本“亲密接触”。

对策：我们应该让学生直面课本，将独立学习引进教学过程。教师可以把“教”建立在学生“学”的基础之上。在学生直面课本之后，教师再有针对性地创设问题情境和数学活动，引导学生在质疑、操作、实验、探索中消除假知，获取真知，丰富体验，求得发展。例如，“长方形和正方形的面积计算”一课，学生看书之后虽然知道了“长方形面积＝长×宽”，但他们还难以理解长方形的面积与它的长和宽为什么会有这样的关系。学生由此产生了问题意识和解决问题的意向，这时教师再引导他们用摆方块的方法去探索与交流。经历数学“再创造”的探索过程，不仅抽象的长方形面积公式能具体地根植在儿童的经验中，而且儿童对发现真理的归纳方法也多了几分体验。

资料来源：储冬生. 批判与建设——小学数学课堂观察与思考. 人民教育，2003(11)：29.

引导学生在“操作”中学知识

在几何知识教学中，要注意展示知识发生的过程，将静态的知识结论变为动态的探究对象，让学生付出一定的智力代价，在认知活动中探索未知、体验情感，从而最大限度地引导学生积极主动地参与教学活动，有效地实现“知识训练智力”的价值。

方法一：“割”出长方体的“面、棱、顶点”。

长方体的面、棱、顶点这部分知识，学生不易理解，教师可从直观入手，指导学生“割”出面、棱、顶点来。先在白萝卜(或红薯)上平削去一块，讨论得到什么(面)。垂直于这个面削去一块又得到一个面，讨论两个面相交的地方得到什么(棱)。再垂直于这两个面平削去一块，讨论三个面相交的地方叫什么(顶点)。直到“割”出一个长方体。在“割”的过程中，学生通过眼、手等感官直接感觉到了面、棱、顶点的特征，便直观形象地理解了长方体面、棱、顶点的意义。

方法二：“裁”“穿”“脱”导出面积计算方法。

在学习圆柱体表面积时，用游戏的方法指导学生动手操作，给圆柱体“穿衣服”。在裁的过程中,学生理解了圆柱体的表面积是由两个圆面和一个长方形围成的,衣服“穿”上了,再请同学们把它“脱”下来,量一量,算一算,从而得到圆柱体表面积的计算方法,这种游戏式的“裁”“穿”“脱”教学方法,使学生兴趣浓厚,加深了对知识的理解。

资料来源:侯秀萍,赵春丽.几何教学思维训练二例.中小学教学研究,2001(6):40-41.

学生在合作中学习

一所中学中几个对历史、地理、政治有兴趣的高一同学成立了“科索沃问题研究”课题组。他们感到,这个课题涉及历史与当代方方面面的问题,课题组研究时要做到有分有合、先分后合,形成合力、协作攻关。于是一位同学侧重于研究古代的巴尔干,从地理环境到民族、宗教、政治、文化等多角度去认识、分析巴尔干的过去;一位同学主要研究一战到二战期间巴尔干所发生战争的原因;一位同学主要收集现今科索沃战争的时事新闻,负责剖析北约轰炸事件;还有两位同学在上述三位分析的基础上,多角度、多侧面地对科索沃问题的前途进行展望。课题研究进行了一个学期,暑假以后课题组向学校递交了一份质量较高的研究报告,还举行了一场科研成果专题报告会。

资料来源:钟启泉,崔允漷,张华.基础教育课程改革纲要(试行)解读.上海:华东师范大学出版社,2001:136.

四、问题与思考

案例一:一堂“失败”的好课

这是实验区还未参加课改的一堂小学自然课,授课教师姓罗。课是以这种方式导入的——

“我们很熟悉的东西,其实我们并不一定很了解。”罗吉老师说,“比如,水,天天喝,天天用,可它的一些性质我们仍没注意到。不信,请看下面的实验。”

实验装置为玻璃管下连着一圆底烧瓶,即在塞紧了胶塞的烧瓶上,插入了一根筷子粗的玻璃管。

“里面有什么?”老师问。

“红色液体。”学生答。

“说详细一点。”

“红色液体充满了烧瓶,并上升到玻璃管中。”

“对。”老师点头,然后说:“红色液体其实是水,为便于观察,老师加了两滴红墨水。”

“将装置放到热水中,会出现什么现象?”

“烧瓶变热!”

“烧瓶里的东西也将变热!”

老师听后笑道:“真的不了解水!我们来动手试一试。”

一试,玻璃管里果然出现了怪事,学生十分惊讶。

“你们惊奇什么?”老师明知故问。学生兴奋地嚷道:“玻璃管里的红水会动,会往上跑!”

“这说明了什么?”

一些学生说:“水增加了。”

“是什么地方的水增加了?”老师不解地问。

“装置里的水增加了。”

“根据是什么?”

“玻璃管里的水面上升,所以水增加了。”

老师问:“水增加了,是水的质量增加了,还是水的——”话到了嘴边,她又咬住了。显然她不愿意说出“水的体积增加”这几个字。她换了一种问法:“水增加了,是不是你们加进了水?”

“没有啊!”学生们说。

“没有加进水,那水怎么上升了?”

“这——这——”学生们张着嘴答不出来。

“给你们5分钟,小组讨论一下,为什么水上升了?这说明了什么?”

(“说明什么,不就说明水的体积增加了吗!”后面一个听课老师小声说。她的同伴则说:“可这话必须从学生口里说出来,否则,怎么体现课改新理念呢!”)

“明白了吗?”罗老师问。

“明白了。”学生们答道。

一个男孩抢着说道:“水没有增加,是烧瓶里的热空气把水挤起来了。”

“塞子把烧瓶里的空气堵住了,空气变热,把水推上玻璃管里去了。”另一学生补充道。

“还有其他意见吗?”罗老师一连问了三次,没人出声。

“这两位同学的说法,你们同意吗?”

学生们说:“同意。”

“烧瓶里明明装满了水,怎么会有空气?”教师急了,声音变高。

“水上升,说明水的体积增大了,是不是?”没有时间再拖,教师直接问了。

“是。”两个女孩应和道。

“是什么使体积增大?”

“热气。”几个学生脱口而出。

“你们说的热气实际是热量。”老师解释说,“吸收了热量,水的体积变大。”

各组按老师的吩咐,将装置从热水中取出,放入冷水中。

“看到了什么?”老师问。

“玻璃管里的红水下降了。”

“为什么下降?给你们1分钟想一想。”

(我们以为,一般情况下,有了前面的铺垫,学生准会说:“水受冷,体积缩小,水面下降。”可学生偏不这样说。)

“水下降,是因为玻璃管里的水退到烧瓶里;水之所以退回去,是因为烧瓶变大了。”

“烧瓶会变大?”教师惊奇地说,“烧瓶可不是气球哟,想变大就变大,想变小就变小。”这句话,逗得学生们笑了起来。

“其实,因为受冷,水的体积缩小,水面就下降了。”老师给出答案。

各组学生又用酒精做了实验。然后,师生们共同总结道:

“水有热胀冷缩的性质,水、酒精都是液体,由此可以推出,液体都有热胀冷缩的性质。”

“刚才得出什么结论?”老师问。

“液体有热胀冷缩的性质。”学生说。

老师举起一个烧瓶说道:“这是煤油。它有热胀冷缩的性质吗?”

“没有!”学生们毫不含糊地说。

“怎么? 它不是液体吗?”

“是液体,但不是红色的液体,所以没有热胀冷缩的性质。”

(学生之所以这样想,可能是因为前面的水和酒精都染成了红色。)

“你们愿不愿意用煤油做一下实验?”老师问。

“愿意。”学生说。

几分钟后,各组都做完了煤油实验。

老师问:“你们刚才的想法对吗?”

全班叫道:“错了,液体的颜色不影响热胀冷缩。”

(这堂课,经过一波三折,似乎快要成功了!)

“今天学习了液体的热胀冷缩。下面做道题,看看掌握得如何。”老师说。

“这是一道是非判断题,题目为:酱油、菜油都有热胀冷缩的性质。”“对还是错?”老师问道。

全班学生异口同声地叫道:“错!”

老师愣住了,片刻后方问道:“难道酱油和菜油不是液体?”

“是液体,但酱油和菜油是可以吃的。”一些学生说。

“酱油有色素。”有几个学生说。

“菜油有色素。”有几个学生说。

“菜油烧不着,所以不会热胀冷缩。”另一些学生则说。

“刚才做过实验,酒精、煤油会不会热胀冷缩?”老师问。

“会。”学生们说。

“现在,酱油、菜油会不会遇热就膨胀,遇冷就收缩?”老师又问道。

“不会。”学生们坚定地说。

“这只是你们的猜测”,老师苦笑着说,“实际上,是会的。”

“啊!”学生情不自禁地叫出了声。

……

资料来源:赵光平,罗星凯.一堂“失败”的好课.人民教育,2002(10):37-38.

思考与讨论

1. 这堂课失败在哪里？为什么失败？

2. 你是否同意这又是一堂好课？如果同意的话，那么好在哪里？如果不同意，为什么？

3. 这堂课如果由你来上，你将如何设计？

案例二：前后不同的两堂课

这是实验区教师上的小学科学课，内容是《各种各样的树叶》，课前教师和学生采集了许多种树叶。同一位教师先后在两个班上了同一内容的课，但是却出现了不同——

前

师："看到这些树叶，你们想观察叶子的什么？"

（这是一个开放性的问题，但问题过于发散，不知学生会作出什么样的回答）

生："我想观察哪种树叶容易撕断。"

生："我想观察这些树叶比我的手掌大还是小。"

生："我想观察树叶的形状和颜色。"

（老师听完后，可能觉得他们的回答与自己所要进行的教学内容比较接近，立即提问）

师："用哪些方法观察？"生："用两片叶子进行对比。"

师："还有吗？"生："用尺量。"

师："借助工具特别好，还有吗？"生："比比叶柄的粗细。"

师："刚才大家想的方法都行，可以用各种各样的方法比较。"

师："观察形状时用什么方法？"生："看它像什么。"

师："用什么来观察的？"生："用眼睛观察。"

师："那颜色呢？"生："也用眼睛。"

师："下面就请同学们用各种各样的方法观察。"

教师根据学生的回答板书：

各种各样的方法

大小 眼睛
形状 眼睛 观察
颜色 眼睛

后

师:"课前我们采集了各种各样的叶子,一会儿分小组进行观察,大家要认真地观察,然后你们把这些叶子分一分,要求相同的分在一起,分类时大家要讨论。"

学生们开始活动了,他们分类的方法不一样,有的组是按照叶子形状分类,有的组按照形状分的同时还把形状相同、颜色不同的分成几堆。学生分完后,老师请各小组汇报。

师:"你们是怎样分的?分了几种?说说为什么这样分。"

汇报时各小组把叶子放在投影仪上,边展示边汇报。

生:"我们是按照形状来分的,分了4种。我们把心形的叶子放在一堆,像这种不规则的也放在一堆。"

生:"我们是靠叶子上的细毛毛来分的,有的叶子表面有毛毛,摸起来感觉不一样,毛毛硬的放在一堆,毛毛软的放在一堆。"

生:"我们把叶子分成了6堆,(他们边摆边说)这些叶子形状相同,这些叶子形状一样但颜色不同,我们按照颜色把它们分成了3堆。"

师:"这是椿树叶,老师特意采集了红色的落叶和颜色较深一些的绿色树叶,还有小一些、稍嫩、颜色浅一点的叶子。"

这时有小组提出不同意见。

生:"我们认为这些叶子应该放在一起,你们看它们的颜色虽然不一样,但形状一样,叶子边缘的锯齿一样,它们的叶脉也一样,它们其实是一种树的叶子。"

生:"我们不同意,如果是一种树叶,为什么它们颜色还不同?"

学生们开始争论。

这时一个学生站起来说:"它们颜色不同是因为季节不同,浇水的次数不一样,生长发育也就不一样。"

师:“谁认为是同一种?”

生:“我认为是同一种,季节不同所以颜色不同,但边缘相同,摸起来感觉相同,形状也相同,叶柄也相同,所以是同一种叶子。”

师:“怎样区分是不是同一种叶子?”

生:“看它们的特征是不是一样,看边缘的齿,用手感觉。”

生:“从形状看是否相同,叶脉是否一样,看叶柄的特征,看叶子上的细毛毛。”

生:“还可以闻一闻气味。”

师:“我们再来观察一下,看看同一种树叶哪些地方不同,请大家只观察一种叶子。”

生:“同一种叶子叶柄处的毛不一样,叶尖的形状不太一样,颜色不一样,手摸的感觉不一样。摸大叶子上的毛毛时有声音,向下按时也有声音。”

生:“最明显的是大小不同,大叶子的毛毛多,小叶子的毛毛少;大叶子放到身上有点扎,痒痒的,小叶子放在身上没扎的感觉。叶柄的粗细不同,叶脉的粗细也不同。”

生:“有的扎手,有的不扎手。大叶子的边缘波浪小。”

生:“叶脉的粗细不同,有的清楚,有的不清楚。”

生:“叶子里的水分不同,有的多,有的少。”

生:“和叶柄连着的地方形状也不一样。”(学生拿着树叶指着叶柄和叶片的连接处说)

师:“观察叶子的时候我们用了哪些方法?”

生:“我们用看的方法,摸的方法,闻的方法,还用皮肤感觉。”

生:“用看、听、摸、闻的方法。”

生:“还可以用舌头来尝叶子的味道。”

师:“在不知道是否有毒的情况下最好不要随便尝。最后请大家总结一下今天研究叶子的时候用到了哪些方法。”

生:“我们看,我们闻,我们摸,我们听,我们想。”

师:“在观察物体时我们要用多种感觉器官综合观察,这样认识事物才能全面。”

……

资料来源:边军.改变教学策略之后.人民教育,2003(7):25-26.

思考与讨论

1.这两堂课有什么不同?为什么会出现不同?

2.后一堂课中学生的学习方式有什么特点?

3.结合案例思考教与学的关系、师与生的关系。

小结

教学改革是课程改革的一个有机组成部分。教师教育观念的更新、学生学习方式的转变和学校教学管理制度的重建是本次课程改革在实施过程中的标志性体现。

新课程倡导的教学观是强调教师和学生都是课程的有机组成部分,是课程的创造者和主体,他们共同参与课程开发的过程。教学就不只是课程传递和执行的过程,而更是课程创生与开发的过程。教学过程应是课程内容持续生成与转化、课程意义不断建构与提升的过程。教学与课程相互转化,相互促进,彼此融为一体。课程也变成一种动态的、生长性的“生态系统”和完整文化,这意味着课程观的重大变革。

新课程强调教学是教与学的交往、互动,师生双方相互交流、相互沟通、相互启发、相互补充,在这个过程中教师与学生分享彼此的思考、经验和知识,交流彼此的情感、体验与观念,丰富教学内容,求得新的发现,从而达到共识、共享、共进,实现教学相长和共同发展。教师的角色与教学行为将发生重大转变。从知识的传授者到学习的促进者,教材的执行者到教学的研究者,从课程的实施者到课程的建设者和开发者;教学过程中要关注学生,尊重学生,引导学生,不断反思自己,与学生建立“学习共同体”,突显学生学习的主动性、独立性、体验性和问题性。

加大学校教学管理制度建设的力度,加强以校为本的教学研究制度的建设,建立旨在促进教师专业成长的考评制度,实施民主、科学的教学管理机制,使教师、家长和学生真正成为学校的主人。

第6部分
课程评价

学习目标

1. 了解课程评价的功能
2. 理解课程评价主体的多元化、评价方式多样化的内涵。
3. 把握发展性评价的本质与方法。

方向导引

改变课程评价过分强调甄别与选拔的功能，发挥评价促进学生发展、教师提高和改进教学实践的功能。

建立促进学生全面发展的评价体系。评价不仅要关注学生的学业成绩，而且要发现和发展学生多方面的潜能，了解学生发展中的需求，帮助学生认识自我，建立自信。发挥评价的教育功能，促进学生在原有水平上的发展。

建立促进教师不断提高的评价体系。强调教师对自己教学行为的分析与反思，建立以教师自评为主，校长、教师、学生、家长共同参与的评价制度，使教师从多种渠道获得信息，不断提高教学水平。

建立促进课程不断发展的评价体系。周期性地对学校课程执行的情况、课程实施中的问题进行分析评估，调整课程内容、改进教学管理，形成课程不断革新的机制。

——教育部文件：教基[2001]17 号《基础教育课程改革纲要(试行)》

一、观点与原理

广义的课程评价即教育评价，是指按照一定的价值标准，通过系统地收集有关的信息，对教育活动中受教育者的发展变化以及构成其变化的诸种因素满足社会与个体发展需要的程度作出判断，并为被评价者的自我完善和有关部门的科学决策提供依据的活动。① 针对我国现行课程评价体系中的不足与局限，新一轮基础教育课程改革倡导“立足过程，促进发展”的课程评价，这不仅仅是评价体系的变革，更重要的是评价理念、评价方法与手段以及评价实施过程的转变。课程评价既能为政策制定者、行政管理者提供课程发展状况的信息，更能为学生、教师和学校提供自身发展状态的信息。课程评价是一种手段而非目的，评价必须为教育目标服务，旨在促进个体的发展。发展性课程评价强调建立促进学生、教师和学校不断发展的评价体系，体现了当前课程评价最先进的评价理念与最新的发展趋势。

(一)重视发展，完善评价功能

新课程改革强调要改变过去过分强调甄别与选拔功能而忽视改进与激励功能的课程评价，通过评价及时提供反馈信息，以建立促进学生改进学习，促进教师改进教学，促使学校改进教育教学质量的发展性评价体系。

以往的学生评价，过分关注学生的知识、技能的掌握情况，热衷于以排名次来体现学生的学习成效，评价仅仅为应试教育服务。新课程评价的基本目标不仅仅是为了检查学生的成绩，更在于通过评价来促

① 周卫勇.走向发展性课程评价——谈新课程的评价改革.北京：北京大学出版社，2002：2.

进学生的改进与发展。新课程的学生评价强调把评价活动和过程更多地作为评价对象展示自我的平台，使评价对象利用各种机会展示自己的努力和成绩，通过对这些展示成果的分析，明确学生的成就、潜能、优势与弱点，帮助学生认识自我、树立自信心、激发学生的内在发展动机，从而促进学生在原有水平上发展。

以往的教师评价主要以学生的质量作为标准，以奖惩为主要方式，硬性给教师划分等级，"奖优罚劣"、"末位淘汰"，侧重于教师间的横向比较，而忽视教师自身的纵向发展。新课程倡导的教师评价是以促进教师专业发展为最终目的的发展性教师评价。发展性教师评价不仅重视教师的现实表现，更注重教师的未来发展；不仅要评价教师的工作业绩，更要通过评价来促进教师自身的成长，引导教师将自我发展目标、工作目标与评价目标相结合，不断进取，在实现教育教学目标的同时，实现自我的不断完善，挖掘其潜在价值，最大可能地促进个体发展。

在过去的学校评价中，升学率是衡量学校办学质量的唯一标准，这种评价不仅导致学校片面发展，而且也加重了教师和学生的负担，造成学生择校现象的产生，不利于体现教育公平的理念。新课程评价强调，学校不再只是忠实地执行与实施国家课程，学校作为课程实施的基本单位，应该将课程的实施和提高学校办学质量结合起来，建立促进学校发展的评价体系，全面提高教育质量。

（二）注重整体性，促进均衡发展

只注重对评价对象某一或某些侧面发展状况的评价，导致对评价对象认识的偏差，以偏概全，甚至对教育教学活动产生误导。新课程评价强调要总体关注评价对象各方面活动与发展状况，强调评价内容的综合性与全面性，促进均衡发展。

以往的学生评价，对学生的发展认识片面，将学生的发展等同于智力发展，而又将智力发展片面地等同于记忆力、理解力与逻辑推理能力的发展，而忽视了学生的全面发展。新课程评价改变了以往学生评价内容单一的状况，要将学生掌握知识的情况、学习过程与方法以及情感、态度、价值观的发展，全部纳入到评价体系之中，不仅要重视对学生学业成绩的考察，还要重视学生创新精神、实践能力的发展，以及良好的心理素质、学习兴趣与积极的情感体验等多方面的培养，注重对学生综合素质的考察，从而激发个体的主体精神，发挥他们多方面的潜能，以促使他们各方面均衡发展，最大可能地实现自身价值。

过去的教师评价过分强调对教师教学效能的考核与鉴定，只重视发挥评价对教师的管理职能，而忽视了对教师的全面考核，忽视评价促进教师专业化发展的职能，为应试教育推波助澜。发展性教师评价重视对教师的过去、现在进行全面了解，根据教师自身情况，共同协商制定其发展目标，并创设条件，以促进教师努力达到发展目标；通过评价为教师提供有关教育教学的信息反馈与咨询，帮助教师反思总结自身的优势与不足，以不断改进教育教学工作，促进教师的专业化发展；重视培养教师的主体意识、创造精神以及参与意识，改变教师仅为“教书匠”的现状，使其成为课程的开发者和研究者。

仅为学校划分重点与否的学校评价，压抑了学校的创造性与参与课程改革的积极性。新课程评价不仅重视对学校教学成果的考查，更重视对学校课程开发能力、课程实施状况、教师的综合素质与科研能力、对教师培训的能力、对学生的全面指导能力、实施教育所需要的外部条件以及学校个性化发展等方面进行综合评估，全面评价学校的办学质量。

(三)关注差异性，促进个性化发展

过于强调评价标准统一的教育评价，严重压抑了评价对象的创造性，忽视了评价对象的个性，造成千人一面、百校同一的局面。新课程评价强调评价标准的多元化，关注个体的处境和需要，注重对每个个体独特性的认可，尊重和体现个体的差异，从而促进评价对象个性化发展。

根据多元智能理论分析，传统上我们对学生的评价只有一个标准，即评价主要局限在语言智能和数理逻辑智能方面，而学生的差异不仅仅表现在学业成绩方面，还表现在生理特点、心理特征、学习动机、兴趣爱好等诸多方面，对学生评价的标准应该是多元的，而不应是单一的。因此，评价目标不仅包括学生的学习成绩，还有学生原有的知识水平、兴趣、爱好、学习动机水平、创新意识、实践能力、个性特征等等，对学生的评价越全面也就越能了解学生的个体差异性，更有利于建立因材施教的评价体系，以使每个学生都能通过适合其智能特点的途径展现自己的能力，真正实现以评价促发展的目标。

受应试教育影响的教师评价，使教师片面追求学生的考试成绩，却很少顾及自身的成长与发展，压抑了教师内在专业发展的愿望和动力，造成教师专业化发展相对滞后的局面。发展性教师评价以教师个体发展为目标，尊重教师在人格、职业素养、教学风格等方面的差异，鼓励教师教学的丰富多彩，教育方式的多种多样；根据个体差异确立个性化的评价标准、评价重点和相应的评价方法，关注个体自身的纵向发展；强调教师个人在学校中的价值，挖掘教师的潜能，促进教师主动创新和专业发展。

地理位置、经济发展状况、教育传统等多方面的差异，造成各学校的差异与不同，以往对所有学校采用相同的评价标准进行评价，尤其是强调通过升学率来评价学校的优劣是不正确的。新课程评价在对学校作基本规定的同时，强调对于不同的学校利用不同的评价标准。新课程评价关注学校的特色发展，根据不同学校的具体情况制定学校的发展目标，充分考虑到学校所在地区的经济发展情况、教育传统、教育资源状况、学校原有的教育水平等多方面因素，对学校进行综合评价，促进学校特色化发展。

（四）关注质性评价，实现方法多样化

新课程所倡导的评价理念使评价不再仅仅是为了完成某种任务、关注结果，以量化形式作为评价的唯一手段，而是注重学生、教师、学校的发展经历，使评价成为一个动态化的过程，并将质性评价与量化评价结合起来，以质性评价统整量化评价。在这一评价过程中，所采用的评价方式方法也不是单一的，要改变以往单纯通过书面测验检查学生知识、技能获得水平的状况，倡导运用多种评价方法、评价手段和评价工具，对学生进行多方面的综合考察。

评价是教育过程主要的、本质的、综合的组成部分，只关注量化的评价把复杂的教育现象表面化、简单化，无法真正体现评价的客观性，并常常失去了教育中最有意义、最根本的内容，将对人的评价与对物的评价等同，完全忽视了人的主体价值与自我实现。新课程评价要改变以单纯的量化评价作为单一的评价手段的弊端，将质性评价方法引入教育评价之中，并将质性评价与量化评价有机结合，将量化评价统整于质性评价之中，扬二者之长，优势互补，使评价更为真实、客观、公正、公平。新课程评价还要改变那种只重视结果而忽视过程的评价，将评价贯穿于日常教育教学活动的每一个环节当中，关注被评价者为实现发展目标所采用的方法与手段，并注重这些方法与手段体现了他们哪些与众不同的特点，在他们达到结果的过程中获得了哪些经历和体验，通过评价帮助学生提高学习效率，促进教师转变教学方式，学校提高教育水平。

在进行评价的过程中，要改变以往只关注考试结果、教学效果和学校升学率的评价偏差，有机地将质性评价方法与量化评价方法、终结性评价与形成性评价、绝对评价与相对评价结合起来，实现评价方式多样化，给予多次评价机会，促进评价对象的转变与发展。即不仅关注期末考试评价，而且要将期末考试评价与日常评价结合起来，关注师生的日常表现，要及时将日常评价结果反馈给教师和学生，激发他们的内在动机，促进个体建立良好的反思与总结的习惯。成长记录袋、学习日记、情境化测验等是新课程所倡导使用的质性评价方法。成长记录袋、学习日记等，可以清晰地记录个体成长中的点点滴滴，有效地描绘学生各方面发展的情况，评定复杂的教育现象，促进学生发展；情境化测验，使评价与学生生活的实际相联系，发展学生对现实生活的领悟力、解释力和创造力，提高学生适应生活的能力。

（五）评价主体多元化，注重自我评价能力的提高

在传统的课程评价中，评价标准、程序和方法均由评价者单方面决定，缺乏学生、教师、学校的自我评价以及学生间、教师间、学校间的互评，难以保证评价结果的客观、公正；评价标准只是冷冰冰的、游离于个体之外的尺度，缺乏对评价对象的人文关怀。新课程评价强调教育评价的主体是多元的，凡是教育的权益者，都可以作为评价主体，鼓励学生、家长、社会人士参与到教育评价中来，体现生生互动、师生互动、家校互动、社校互动的动态化评价理念，使评价成为多主体共同参与和协商的活动，尊重被评价者的主体性，促进主体间的协商，提高自我评价的能力。

片面追求学业成绩的传统评价，忽视学生的主体性和能动性，单

纯将学生置于被评价者的地位，使学生的自评、学生间的互评变得无足轻重。发展性课程评价要改变以往学生一味被动接受评价的状况，尊重学生的个体价值，发挥学生在评价中的主体作用，积极鼓励学生开展自评与互评，培养学生自我评价、自我反省与自我监控能力，提高批判性思维能力，使学生学会交流、合作与分享，并养成良好的自我反思习惯，以利于学生的终身发展。

教师评价要注重教师的个人价值，评价目标与评价计划要由评价者和教师共同协商制定，双方认同，把实现教师个体发展目标和实施评价看做是双方的共同职责，重视多渠道交流信息，提倡同行之间互相评价。充分调动教师参与评价的热情与积极性，使评价过程成为教师宝贵的学习机会之一，使教师通过与评价者的交流，更深刻地了解自己的优势与不足，不断反思，以促进自身的发展。

加强学校与社会的联系，使学校评价不仅仅由地方教育督导部门参与，而且要鼓励学生、教师、家长共同参与到学校评价中来，听取社会对学校的评价意见，使评价信息来源更丰富，促进学校发展。

二、典型案例分析

◆学生评价

（一）典型案例：利用学习档案对学生进行形成性评价的尝试

利用学习档案对学生进行形成性评价的尝试

在南京晓庄学院附属小学三年级英语教学中，根据学生的年龄特点和英语认知水平，以学习档案的形式对其进行形成性评价。

学习档案的内容及其操作形式：

1. 各种收获卡

根据学生各自的特点制订一些要求，由教师和小组长根据制订的要求制作不同的卡片发给学生。例如：“朗读精彩卡”、“对话背诵大王卡”、“对话表演出色卡”、“助人为乐卡”、“进步卡”等。教师组织学生每月评比一次，看谁得的卡片多，评出一、二、三等奖，最后再由教师写出简短的评语以示鼓励，存入档案。

2.各单元学习内容掌握情况

内容 单元	会话 ★△○			说单词 ★△○			歌谣 ★△○		
	自评	组评	师评	自评	组评	师评	自评	组评	师评
1									
……									

此项评价内容，一单元一小评，一个月一大评，采用教师评、学生自评以及小组(4人一组)互评的评价方式，让学生将自己的学习状况予以横向和纵向比较，从而确定自己努力的方向。

3.课堂表现记录

课堂表现记录主要是对学生完成课堂教学活动的表现予以评价记录。如下表：

	1	2	3	4
对教师提出的问题经常主动回答				
积极参与小组活动，能够与他人合作				
听课时注意力集中，纪律良好				
积极参与游戏、表演等活动				

1分为最低分，4分为最高分。教师把每月评价的情况反馈给家长，让家长了解自己的孩子在课堂上的参与情况，并写出反馈意见。

4.其他问卷调查表

家长观察记录表(请在符合实际情况的项后面打“√”)

	经常	一般	很少
喜欢和家长谈论自己的英语老师			
常常向家长谈起自己在课堂活动、游戏中的表现			
经常在家里唱课堂上学习的英文歌曲和童谣			
在生活中能主动尝试运用所学过的英语			
能够自觉地和根据教师要求进行预习与复习			

自我评价表(请在符合实际情况的项后面打“√”)

喜欢听英语歌曲	
喜欢看英语小故事	
喜欢唱英语歌曲	
跟好朋友一起时喜欢说英语	
……	

小组成员互评表(请在符合实际情况的项后面打“√”)

他/她喜欢上英语课吗?	
他/她在小组活动中积极主动吗?	
他/她总是很认真地完成作业吗?	
……	

以上问卷调查表的设计，主要是针对学生的学习态度和学习兴趣的。要确保每月调查评价一次，并把调查表收入学生档案中，逐月比较并察看是否有变化。

资料来源：方秋萍.利用学习档案对学生进行形成性评价的尝试.江苏教育，2003(2B)：35、36.

（二）案例分析

成长记录袋（portfolio，或称档案袋）是一种能够全面地反映学生学习情况的非常好的质性评价工具，也是新课程所倡导的质性评价方法之一。成长记录袋是在20世纪80年代西方中小学评价改革运动中形成和发展起来的一种新的质性评价方式。主要是指有意识地收集和记录学生自己、教师及同伴作出评价的有关材料，学生的作品、反思，还有其他相关的证据与材料等，以此来评价学生学习和进步的状况。档案袋可以说是记录了学生在某一时期一系列的成长"故事"，是评价学生进步过程、努力程度、反省能力及最终发展水平的理想方式。

成长记录袋是本次课程改革所倡导的一种重要的质性评价方法。成长记录袋评价体现了评价功能由侧重甄别与选拔向重视发展的转化，体现了评价过程的动态性，是一种能够全面反映学生学习情况的非常好的评价工具。本案例是在小学三年级英语教学中运用档案袋进行评价的尝试，这一评价的内容多样、主体多元，体现了发展性课程评价的记录成长、反馈调节与展示激励的功能，也体现了以人为本的评价理念。但作为对一种新的评价方式的尝试，案例中还存在一些不足之处。案例中的优点具体表现为：

1.评价目的明确。案例中指明：学习档案的建立是为了展示学生在努力学习后所取得的进步和成绩，让学生思考学习的过程和学习方式，并通过这种过程记载，增强学生学习英语的自信心和进取心，体验成功的快乐。同时，利用学习档案向教师、家长提供学生学习、成长的记录。

2.评价内容多样。本案例的评价内容既包括学习内容的掌握情况、课堂表现这些体现对知识、技能掌握情况的变化与进步的方面，还包括学习态度和学习兴趣方面的评价，即情感、态度、实践能力方面的情况。这体现了对学生综合素质的考查,评价内容比较全面,使教师更清楚每一个学生的特点与特长,为因材施教提供依据。

3.评价主体多元化。在整个评价过程中,不局限于教师评价,还开发了家长资源,让家长参与评价,促进学校教育与家庭教育相协调。同时还要求学生进行自我评价和小组评价,使学生也成为评价的主体,学生对自己的学习过程、结果的评价和对同学学习活动进行评价的过程,既是回顾、总结自己学习活动的过程,也是自己发现问题、解决问题的过程。这一过程充分发挥了学生的主体作用,调动了学生学习的主动性和积极性,体现了对评价对象的人文关怀。

4.评价频率适度。在案例中,根据具体评价工具,评价的时间间隔是不同的:利用收获卡的评价是每月一次;家庭作业是天天评;课堂表现是堂堂评,逐月反馈给家长;各单元学习内容掌握情况是一单元一小评,一个月一大评;其他调查问卷是每月评价一次。将不同的评价交叉进行,频率适度,不仅不易使学生产生厌烦情绪,而且能更好地发挥以评价促进学生改进与发展的功能。

南京晓庄学院附属小学三年级英语教学中的档案袋评价的尝试,可以说考虑的问题是比较全面的,但也存在一些问题:

1.评价的针对性有待加强。评价目的虽然比较明确,但这一评价目的更多地体现为档案袋评价的通用目的,并没有体现出学生为小学三年级和教学科目为英语的特征,评价目的的针对性不明显。

2.档案袋的内容还需要充实。除上述规定的必要内容之外,学生学习英语的作品、自制的英语学习卡片等均可装入档案袋内,使学生的档案袋更富有个性色彩。

3.缺乏定期的、全体师生参加的、包括档案袋内全部内容的评价会议。这种评价会议的召开,将使学生更加明确自己阶段性的进步和目前存在的问题,在树立学习自信心的同时也明确努力的方向,使教师更加了解每个学生,有利于因材施教。

◆教师评价

(一)典型案例:利用"教师成长档案"完善对教师的评价

利用"教师成长档案"完善对教师的评价

山东省安丘市实验小学本着培养教师快速成长,全面参与课程发展,全面实施素质教育的目的,经过多方面调查及科学论证,形成了建立"教师成长档案",替代现有教案的备课制度改革实施意见,经过一学期的实践,效果显著。

自新的课程标准实施以来,我们总结了现有备课体制的弊端,并从中得到了许多启示:(1)重视教师的长期发展目标,不过分重视教师发展过程中的瞬间得失。(2)重视教师的专业化。(3)建立教师成长记录袋。本着一系列新的教育理念,基于我校现有的教师状况和科研氛围,学校决定用"教师成长档案"制度取代现有备课制度中的撰写教案,会更有利于老师的教学和学校的发展。我们提出的口号是"与新课标共生共建,和孩子们一起成长"。

教师成长档案的内容及实施策略:"教师成长档案"名称的由来,源于新标准让学生建立成长档案袋的提法及意义,其实施要求与课程标准基本相同。

教师成长档案的实施对教师取消备课后的成长、学生的发展以及学校的发展只能起积极作用,不会带来负面效应。落实到字面上只有4部分内容:日记、反思、优案和报告。我们的要求是,教师取消现有的备课方式后,保证做到一天一篇教学日记、一课一个教学反思、一单元一个优秀策划案、一学期一个教学评价报告,这实际上是一个并不轻松的工作。更重要的是,此次改革更加注重教师的理论与实践,一改原来的单向设计,集理论的输入、教学策略的输出、教学方案的撰写、教学方案的评价、教学活动的参与及教学实践的反思等多项互动功能于一身,使教师的教学成为"学、做、评、思"于一体的立体结构。这有利于教师的专业化发展,更有利于教师独特教学风格的形成。在这种多维互动的教学活动中,教师的发展,教师参与课程的发展就有了保证。保证此改革成效的相应措施:

1.实行了领导班子推门听课制度。

2.每学期结集优秀策划案、教学反思和教学评价，择优编撰，记入教师的量化考核。

3.每学期举办一次教学理论测试和一次撰写自主教学策划比赛。自主教学策划的撰写采取定点、定时、定教材，按时交稿的方式进行。

4.建立教师成长档案橱，分学期积累教师档案，分档打分。

5.每学期1—2轮研究课，对教师教学进行量化打分，并记入个人档案，同时开展了课堂教学开放活动，请家长走进课堂，参与对教师的教学评价。

6.加强对教研活动及教师教改实验的管理与指导，定期总结、整理课题实验，每学期有阶段性或终结性论文及其他成果的展现。

资料来源：中国教师报，2003(24).

(二)案例分析

新课程评价提出要建立发展性教师评价制度，改变以往只通过学生学习成绩来评价教师优劣的状况，关注教师的现实表现，重视教师发展与提高的过程，促进教师参与教育教学与管理的积极性、主动性和创造性。运用成长档案对教师评价，将日记、反思、优案和报告纳入到教师成长档案之中，不仅注重教师的教学表现，更重视教师的思考、反思过程，促进教师的自我发展。并且为保证这一评价改革的实施，学校还建立了相应的保障措施，真正体现了对教师专业化发展的重视。本案例的主要特点表现在：

1.评价针对性强，指导思想正确。在分析现有备课体制弊端的基础上，从新课程评价观念中得到启示，认识到要重视教师的长期发展和专业化发展，由此提出了教师成长档案评价，使这一评价改革具有针对性，有正确的指导思想。

2.重视以评价促进教师专业发展。学校提出“与新课标共生共建，和孩子们一起成长”的教师评价口号，充分体现以评价促进教师发展的理念。运用教师成长档案对教师进行评价，使教师成为课程发展的参与者，重视教师的长期发展目标，体现新课程评价强调评价个体发展过程的理念。

3. 评价内容全面。教师成长档案要求教师“一天一篇教学日记、一课一个教学反思、一单元一个优秀策划案、一学期一个教学评价报告”，从这些内容中能反映出教师思维、态度、情感等方面的变化过程，为全面评价教师积累了资料，将“学、做、评、思”相结合，关注教师的发展，体现了教育评价以人为本的思想。

4. 评价主体多元。参与教师评价的既有学校领导，又有教师和家长，有利于多方面搜集评价信息，使教师评价更加客观、全面，加深教师对自身的认识，提高教学水平。安丘市实验小学还重视教师的自我评价与反思，重视培养教师的自我评价能力与反思总结能力，促进教师自我提高、主动发展。

5. 量化评价有不妥之处。保障机制中也有不尽如人意之处，“自主教学策划的撰写采取定点、定时、定教材，按时交稿的方式进行”，难免又导致评价标准的单一性；对教师教学的量化打分也有不当之处，教师的教学特色与教学效果是难以通过量化的形式表现的。

◆学校评价

（一）典型案例：汨罗市小学阶段乡级教育质量评价方案

汨罗市小学阶段乡级教育质量评价方案

为了适应素质教育发展的需要，汨罗市教育局对全市乡镇小学教育质量评价体系作了较大幅度的改革，制定了《汨罗市小学阶段乡级教育质量评价方案》。

1. 评价对象与评价范围

以乡级整体为单位，对小学教育质量进行评估。

小学阶段是一个整体，小学阶段的教育质量评价应以这个整体为对象。基于这一认识，我们注意将评价范围锁定在整个小学阶段。从权值看，我们只用了35分评价毕业年级，其余65分是面向整个小学阶段的。

2. 形成性评价与终结性评价并重

在评价方案中，形成性评价与终结性评价各占50分权值。我们将直接影响教育教学质量的因素(如教师的职业道德水平、课堂教学水平、落实课程计划与教学常规的情况等)作为形成性评价的内容,有些工作(如教研工作、师资培训工作、工会工作等)虽然也在不同程度上影响教育教学质量,但其影响力不是直接的,因此,可不列为教育质量评价的项目。

3. 以重权值评价课堂教学水平与评课水平

汨罗市现行的小学教育质量评价方案用了30分的权值来评价教师的课堂教学水平与评课水平,其权值与评价毕业年级的语文、数学、音乐、体育、美术、劳动教学效果的权值相等。

4. 对各乡镇的小学教育质量评价工作进行评价

在这项评价中,我们将"评价构思"这一评价子项目放在首位,让乡级教育单位充分发表意见,鼓励创新。"评价的科学性"主要是指评价的全面性、正确性、可行性和激励性。

5. 将师德水平列入评价范围

在形成性评价中,设置了师德水平评价项目,占5分权值。该项目下设了"不乱收费"、"不弄虚作假"、"不违反法律法规"等评价指标。

6. 入学率与巩固率的评价

汨罗市学龄儿童的入学率与在校学生的巩固率均已趋于100%,现在存在的另一个问题是,少数学校瞒报在校学生人数。为了解决这一问题,我们根据前一学期所查证的各校瞒报小学生人数的情况,计算出各校的瞒报率,并将其纳入对入学率与巩固率的评价中。

7. 学生学科成绩的评价

现行的学生学业成绩评价仍然是以小学毕业年级的学科成绩为依据进行的。不过,与以往相比,评价的权值大大降低了:语文、数学两科只占20分权值。

8. 地域差异与规模差异

我们用系数修正法比较恰当地处理了地域差异问题,尝试着在一些项目中用系数修正法处理学校的规模差异问题。

附:汨罗市小学教育质量考评的项目与权值分配

- 乡级小学教育质量
  - 形成性评价（50分）
    - 乡级教育质量评价水平（11分）
      - 评价构思（3分）
      - 评价的科学性（8分）
    - 教学工作（4分）
      - 开课与授课（2分）
      - 教学常规（2分）
    - 教育工作者基本素质水平（35分）
      - 师德水平（5分）
      - 课堂教学水平（含教学竞赛成绩）（25分）
      - 评课水平（5分）
  - 终结性评价（50分）
    - 学龄儿童入学率与在校学生巩固率（5分）
    - 教育效果（45分）
      - 语、数（20分）
        - 合格率（10分）
        - 生均分（10分）
      - 音、体、美、劳生均分及活动课（10分）
      - 思品、自然、社会生均分（5分）
      - 学生品德与特长（10分）
        - 日常行为（5分）
        - 特长成果（5分）

资料来源：肖曙光.改革小学教育质量评价体系的尝试.中小学管理，2002(4)：35、36.

(二)案例分析

在由以往的评价观念与方式向新课程评价理念与方式的转化中，必然存在着一些认识方面与操作方面的问题。在《汨罗市小学阶段乡级教育质量评价方案》中既体现了新课程评价提出的转变评价观念、全面评价被评价者、关注评价对象的差异性、重视被评价者的主体地位等新的评价理念，也存在着评价观念转变不彻底、对评价方法认识存在偏差等问题。这些问题在许多学校尝试新课程评价的过程中也有可能会遇到，因此有必要对此例进行分析，以便我们在改革中予以借鉴。

1.综合评价学校教育质量。案例中对小学教育质量的评价已不仅仅只关注毕业年级，只重视升学率，而是将对毕业年级与非毕业年级的评价相结合,“只用了35分评价毕业年级,其余65分是面向整个小学阶段的”,综合评价学校的教育质量。

2.评价内容全面。评价内容包括“在校生巩固率、学生10个学科的学业成绩、学生的特长、特殊教育、学生品德、教师的教学水平、教师落实教学常规的情况、师德水平”等八项评价指标。这些评价指标使对学校的评价更全面、客观,也更能体现学校的长处与弊端,促使学校不断改进。而且还将教师的师德水平列入评价范围之中,体现了对教师评价的全面性。

3.评价针对性强。针对少数学校瞒报在校学生人数的问题,案例中提出将各校的瞒报率纳入对入学率与巩固率的评价中。这不仅有利于解决当地存在的这种特殊问题,真正提高学生入学率,更体现了评价适应地方需要的特点,使评价成为有针对性地解决问题的手段。

4.重视教师的主体地位,以评价促进教师发展。在对课堂教学水平的评价中,既评价教师的课堂教学水平还评价教师的评课水平,使教师不仅是被评价者,而且还要成为评价者,重视教师的主体地位,体现了对教师的人文关怀,以利于促进教师的专业发展。

5.认识到评价对象的差异性,使教育评价更公平。《评价方案》尝试在一些评价项目中用系数修正法处理学校的规模差异问题,体现了对不同学校特点的认识和对学校差异性的尊重,力图使教育评价更公平。

6.对评价方法有认识偏差。《评价方案》虽然提出“将形成性评价与终结性评价并重,各占50分权值”,但从评价表中分析,形成性评价与终结性评价所包含的内容并不正确。这种区分体现了评价者对这两类评价方法存在着认识偏差。

7.对发展性教师评价认识不全面。教研工作、师资培训工作是促进教师专业发展的重要工作,新课程评价也将其列入教师评价与学校教育质量的评价之中。但案例中却认为此两者对教育教学质量的影响力“不是直接的”,而忽视了对它们的评价,可见对发展性教师评价的认识还比较片面,对以评价促进教师专业化发展的问题还需加深认识。

三、思想资源库

（一）学生评价

经常公布考试成绩和排名次的百分比

城市小学和乡村初中“经常”或“总是”在全班公布考试成绩的比例在60％左右，城市初中学生的这一比例已达75％。

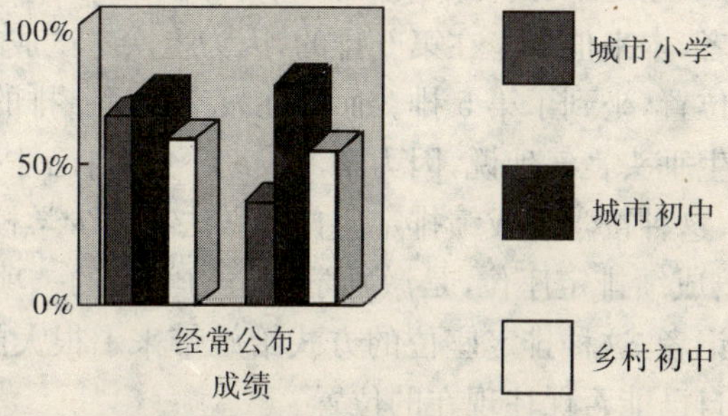

学生对公布成绩、排名次的感受(％)

对于公布考试结果和依据考试结果排名次的做法，70％的初中生和小学生感到紧张、害怕或讨厌。

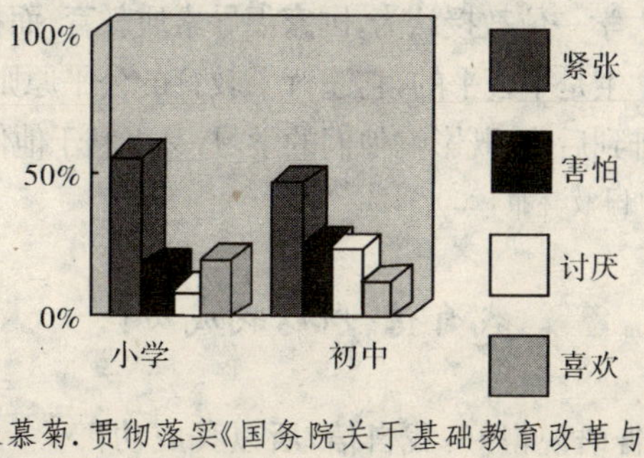

资料来源：朱慕菊．贯彻落实《国务院关于基础教育改革与发展的决定》大力推进基础教育课程改革，2003-3-26．

学生座位以“分”定

学习成绩好的学生可以拥有挑选座位的“特权”，学习成绩差的只能“殿后”或“靠边”。如今，某些学校竟然以学生学习成绩好坏、分数高低排定座位。

记者日前到河北省某中学七年级采访，一位学生介绍说，他们班座位是按照学习成绩来排定的。谁的学习成绩好，谁就可以优先对座位“挑挑拣拣”，这是“奖励”好学生的一项“特权”。一个坐在第5排的学生告诉记者，本来他是坐在第6排的，因为上次考试成绩进步，这才前进了一个位置，坐到了第5排。而坐在教室最后一排的一个个子并不太高的男生垂头丧气地说，因为学习成绩不好，自己才坐在了这里。

据了解，这种按学习成绩排定座位的做法在不少学校存在。有的老师认为，按成绩排定座位，是激励学生努力学习的一项措施。而一个学生告诉记者，这种排定座位的方式给她带来了很大的压力，每次考试都担心自己能否保住现在的位置。

按学习成绩排定座位的方式引起了教育工作者的忧虑。唐山师院一位教育心理学副教授认为，这不利于青少年的健康成长。因为学校是培养德、智、体、美全面发展的学生，单纯以学习成绩作为评定学生好坏的标准本身就有失公允，再以此排定座位更是对学生的不尊重。

河北师范大学一位教授认为，国家倡导素质教育，而按学习成绩好坏排定座位对待学生是不公平的，它违背了教育的公平原则。一些矮个子、近视眼学生被排到后边，既影响他们的学习，又不利于他们的健康。

资料来源：中国教育报，2002-6-4.

我自信，所以我成功！

有一句广告语说得好：我自信，所以我成功！

2001年7月，张家港市梁丰实验学校正在进行招生选拔考试，2000多名来自全市小学六年级的选手冒着酷暑参加了比赛。一位记者采访了我校一位六年级学生，问他为什么要参加这次考试，这位学生响亮地告诉记者:“因为我有实力与别人竞争!”记者朝他竖起了大拇指。真的,到底是沙洲小学的孩子,说话都那么自信。其实,这里的每个孩子都很自信,因为这里的老师很懂得欣赏孩子……三年前,学校就开展了“让每个孩子追求成功”的省级课题研究工作。为了不断激励孩子进步,老师们根据平时的观察、记载,将孩子们各方面的进步或好的表现,写成一张张短文卡片,这就是优点卡。星期一庄严的升旗仪式后,校长将老师们在上一周内写的优点卡,郑重其事地发给学生。这种方式,在全校产生了巨大的激励效应。现在优点卡的书写已由原来单一的教师写给学生,发展成家长写给孩子,学生写给教师,学生之间相互书写多种形式,赏识面越来越广。

现在孩子的身边除了优点卡,还有体验日记(把自己学习生活中快乐的、有意义的事记下来)、快乐成果袋(把平时点滴的进步都及时整理在一起,学校定期进行快乐成果袋的交流,让孩子相互学习),这些都是展示孩子优点的手段,也是学校加强对孩子平时评价的有效举措。等到期末评选单项积极分子时,孩子对自己和别人的优点了如指掌。2003年1月,在全校900多位学生中,学校从各学科各方面评出了许多优秀奖和进步奖,共有近600位学生拿到了奖状,获奖人数由原来的10%增加到了80%。通过这个活动,我们帮助孩子树立了自信。孩子们也学会了自我激励和相互激励。

资料来源:陈惠芳.“奖”出孩子的自信与欢笑——张家港市沙洲小学评价改革.中国教师报,2003-4-17.

武汉:小学生评价论“级”不论“分”

武汉市以2000年秋季小学取消百分制为标志,全面施行小学生等级评价,统一使用小学生素质教育发展报告册,并从评价内容和评价方法两方面进行改革。在评价内容上,增加了创新素质实践的内容。华中科技大学附属小学在评价中注重对学生参与创新实践、科学实验、趣味解题、科技小制作等活动情况的评价,引导学生走出学校和课堂,走向大自然和社会,在实践中求知、在社会中成长。许多学校不仅注重对学生知识、能力的评价,而且注重对学生非智力因素的开发。

体育馆小学将学生个体道德情感知识的测评，转化为对道德情感行为在自然条件下应用力的测评。德才小学从知识能力、态度习惯、课外实践等三方面对学生进行评价，促进了学生知识、能力、情感、意志等协调发展。武汉二师附小在对学生进行德、智、体、美、劳五育并举、全面评价的同时，突出学生个性发展和潜能开发，培养学生优良的个性品质。

在评价方法上，武汉市遵循小学生心理发展规律，创造出多种行之有效的评价方式。一是激励评价。红领巾小学开展"足迹文化"活动，将每个学生最好的作业、试卷和科技小制作作品搜集进学生个人档案，以激励学生勤学上进。武昌区三分之一以上的小学实行免试评价，即对少数优秀学生文化学科评价不再通过笔试，只采用师生谈话交流方式，让学生自我教育、自我发展。二是情境评价。新河街、红钢城等小学营造"智慧室"、"快乐学吧"、"灵感快车"、"娃哈哈超市"、"快乐之家"、"七彩音乐厅"等，创设情境化教学氛围，消除学生的紧张情绪，激发学生主动参与的积极性。三是过程评价。武昌实验小学实施"课堂观察评价记录"，定期反馈学生学习状况，结合学生日常学习行为，对学生进行综合评价。四是开放评价。吴家山一小变教师单一评价学生为学生、同学、教师、家长及共建单位共同参与评价，营造了全社会共同关心学生健康成长的良好氛围。永安街中心小学、一冶五小对简单重复性作业进行改革，通过布置层次性作业、自主性作业、实践性作业、养成性作业、信息性作业等，不断激发学生对学习检测的兴趣，收到良好的评价效果。

资料来源：中国教育报，2002-1-31.

试卷分难易　学生自愿选

学生可以根据自己的学习情况分别选择"综合卷"或"基础卷"参加考试。日前，被各界呼吁了多年的分层次考试，首次被山东省青岛51中采纳使用。

据了解，青岛51中七年级和八年级的全部700名学生自愿选择了自己的期末测试试卷类型，结果，七年级有74名学生（占该年级总人数的19%）、八年级有50名学生（占该年级总人数的13%），选择了难度较低的“基础卷”。

自愿选择参加“基础卷”测试的该校七年级二班的一名男生告诉记者，他的学习底子较差，特别是上学期期中测试成绩不理想，受到了家长责备，因此他变得很害怕考试。自从学校宣布今年期末测试要推出“基础卷”后，他很认真地进行了复习，还主动向老师和同学请教，自选了“基础卷”测试。记者请他预计一下成绩，他很自信地说，这回成绩肯定会大大提高。他还表示，今后一定要主动学习，上课认真听讲，回家好好完成作业并认真复习，争取下次测试选择“综合卷”，迎头赶上学习好的同学。该校八年级数学教师谭卫华告诉记者，“综合卷”里基础知识与中等偏上类的考题比例为6∶4，“基础卷”内容90%是课本例题和课后练习。

资料来源：中国教育报，2002-1-31.

吉林普通高中会考试行新的评价方式

吉林省将在今年的部分学校试行会考成绩综合评定改革，普通高中会考的成绩将由两部分组成，全省统一会考的考试成绩加上教师综合评定的平时成绩为学生的毕业会考成绩。

据悉，此项改革的目的是克服凭一次考试成绩评定学生学业水平的现状，重视学生潜能，承认个体差异，改变重知识轻过程的评价方法单一的倾向，发挥学校、教师在评价中的重要作用。凡实行改革的学校从2002级高一年级学生会考开始，所有在籍学生的所有学科会考均实行改革，即学生在参加全省统一会考的同时，所在学校在统一会考前向省普考办上报教师评定的平时成绩。

平时成绩评定规则是由省普考办根据历年会考成绩统计，对实行改革的学校下发成绩评定的等第比例(此比例可按今后的会考成绩逐年调整)，学校教师按下发比例评定平时成绩。平时成绩由任课教师根据学生的学习品质，即在求知欲望、谦虚好学、刻苦钻研、创新意识、实践应用能力、交流合作能力、克服困难和承受挫折能力、审美求美能力等诸方面的表现和平时学校各类考核记录的成绩综合评定。平时成绩按优秀、良好、及格、不及格四级等第上报。另外，平时成绩评定工作要保持透明度，由学校、教师、学生三方参与，采取切实措施，确保评定的准确、公平和公正。允许学生对自己的成绩提出质疑，教师要认真解释学生的异议。考生重考成绩的计算采用重考成绩加前次会考成绩综合评定的办法确定。

资料来源：中国教师报，2003(16).

成长记录袋(档案袋)评价的内容

成长记录袋中究竟应收集哪些材料呢？这取决于评价目的。如果评价的目的是"展示"，那么，只要收集学生最满意的作品即可。如果评价的目的是"反映学生的进步"，那么，成长记录袋中既收集过程性作业，也收集结果性作业；既收集学生的作品样本，也收集其他一切可以描述学生进步的材料(如观察记录、他人的评价、测验试卷等)；同时，学生的自我反省和自我评估材料也可放入其中。

一般而言，成长记录袋的内容可包括：

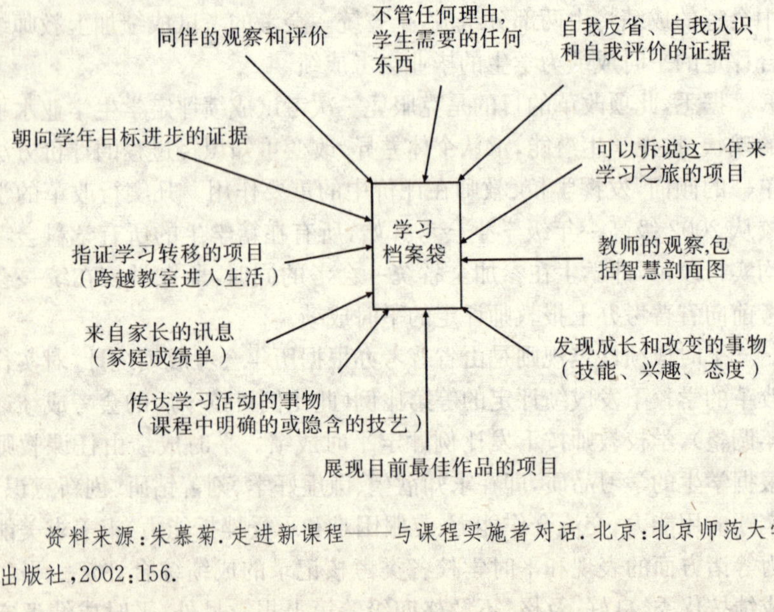

资料来源：朱慕菊．走进新课程——与课程实施者对话．北京：北京师范大学出版社，2002：156.

换一种考试方法——一举五得

学习数学中量与计量、名数的改写后的单元考试。

1. 总要求:本张试卷须在家长的督促下完成,并要有家长的签名及意见(是否自己完成,态度如何)方可算数。

2. 名称:浪费了的水

3. 完成时间:星期六—星期日

4. 具体要求:(1)请你测一个没拧紧的水龙头1小时会流掉多少水,并以此为依据预测学校教学楼38个水龙头如果都没拧紧,一个月(按30天算)将会流掉多少水。(2)请你调查现在的水价,计算学校一年将付多少钱。(介绍自己的具体做法)

5. 厦门广播电视报曾报道:我国现在的水资源紧缺,据专家估计,中国10年后将缺水,30年后将严重缺水。通过这次实践你懂得了什么道理,今后你准备怎么做。

6. 尊敬的家长,为了您的孩子,请配合我们的要求,如实地评价自己的孩子。

资料来源:张亚珊. 换一种考试方法——一举五得. 中小学数学·小学版,2003(5):14、15.

请爸爸妈妈帮个忙

尊敬的家长:

你们好!

"读书破万卷,下笔如有神"。课外阅读不仅可以帮我们开阔视野,陶冶情操,更重要的是它能培养我们的阅读能力和语言表达能力,所以我们决定每个人设立一个阅读成长记录袋,把我们的读书记录卡和相关资料收集起来,开展读书比赛,看谁读的书多。为了成功地开展这一活动,我们决心做到以下几点,请家长给予耐心的督促:

准备一个文件夹或文件袋,并自制封面,自行装饰。

每天放学后主动完成当天作业,速度要快,质量也要保证。

减少看电视时间，坚持每天读书20分钟以上。

每读完一份读物，及时、认真地填写课外阅读记录卡。

经常回顾自己的阅读成长记录袋，并把最喜欢的故事或文章讲给家长听，与家人一起分享读书的快乐。

此外，我们还诚恳地希望你们能在以下几方面给予我们支持：

适当减少上课外辅导班的时间，减少或取消额外作业，让我们有足够的时间在书海中遨游。

和我们一起读书看报，创造一个适于阅读的良好家庭气氛。

在我们有阅读困难的时候，请给予必要的帮助。衷心地感谢你们，也祝愿我们的阅读成长记录袋计划能圆满成功。如果你们还有什么疑问或建议，请与我们的田老师联系。

四(3)班全体同学

二〇〇〇年十月二十四日

资料来源：田慧.阅读成长记录袋的创建和使用.语文建设，2002(2)：47.

（二）教师评价

这样的“优质课”该刹车了

编辑同志：

我想谈谈优质课的问题。我认为优质课已经堕落成了没有实际用途的表演课。作为一名教师，我清楚地知道一堂所谓的优质课是怎么做出来的。去年，我们学校有位老师，拿到了一个省级优质课的指标，为了上好这节课，这位老师原来要上的课可以不用上了，给几个月甚至半年的时间去备课。这节内容完全一样的课，学生要听几十遍，课本上其他的内容可以不上，但这节课必须上好。这样的课上起来，老师眉飞色舞，学生热热闹闹。殊不知那完全是提前排练好的，包括哪个问题由哪个学生来回答，回答到什么样的程度；哪个学生故意回答错的；哪个学生故意不懂；哪个学生来替他解疑。讨论中，学生一定要非常“热烈”。这些都是事先约定好的。当然，作为学校来讲，要争取到一节优质课也是要付出代价的。争取到名额以后，还要请有关领导经常下来指导，学校也要投入大量的人力和财力。讲课的老师拿到梦寐以求的优质课证书，评职称就要加5分，顶得上一位老师5年的教龄。何况一节优质课下来，还有许多副产品，比如论文、课件，这些加在一起最起码也有10分。这是一位默默干工作的老师熬十年才能有的分数。职称上去了，工资上去了，下岗不用怕了。学校领导也可以得到优质课的指导奖。但是，这对于老师和学生却产生了不好的影响。

从老师的角度来讲，有讲课任务老师的课得由其他老师代，这样，一个人就要干两个人的活。其他老师也要“积极配合”，因为这是学校的“中心任务”。可想而知，教学质量如何能保证，再说，其他老师的内心能平衡吗？活由我干了，荣誉、好处却让你得了。如此的优质课起着什么样的“模范带头”作用就可想而知了。

从学生的角度讲，你所在的班级要是承担起讲课的任务，那本学期的教学任务肯定是完不成了。想一想，要讲的优质课就要重复听几十遍，重复听几十遍就要上几十节的课，试想，作为学生，一学期能有几节课？本来都学了几十遍的东西讨论时还要非常“热烈”，否则，“气氛不够”。那些差生，对不起，讲课时请你让开，因为你可能连话都说不完整；模样丑的也不行，到时可别丢脸；听课时的那些学生都是几个班级凑的。这对学生只能是伤害。

就是这样的优质课，我们的身边还在轰轰烈烈地搞。我们呼吁，这样的优质课到了该刹车的时候了。

一名小学教师

资料来源：中国教育报，2002-6-19.

发展性教师评价制度的特征

发展性教师评价制度是一种新型的、面向未来的教师评价制度。它不仅注重教师个人的工作表现，而且更加注重教师的未来发展和学校的未来发展。在实施发展性教师评价制度的过程中，让教师充分了解学校对他们的期望，培养他们具有主人翁的精神。它根据教师的工作表现，确定教师个人发展要求，制定教师的个人发展目标，向教师提供日后培训或自我发展的机会，提高教师履行工作职责的能力，从而促进学校的未来发展。发展性教师评价是一种形成性评价,它不以奖惩为目的,而是在没有奖惩的条件下促进教师的专业发展,从而实现学校的发展目标。王斌华教授认为,发展性教师评价制度的主要特征是:1.学校领导注重教师的未来发展;2.强调教师评价的真实性和准确性;3.注重教师的个人价值、伦理价值和专业价值;4.实施同事之间的教师评价;5.由评价者和教师配对,促进教师的未来发展;6.发挥全体教师的积极性;7.提高全体教师的参与意识和积极性;8.扩大交流渠道;9.制定评价者和教师认可的评价计划,由评价双方共同承担实现发展目标的职责;10.注重长期的目标。

资料来源:王斌华.发展性教师评价制度.上海:华东师范大学出版社,1998:114、117.

教师,请悦纳自己

美国学者坎布斯认为,一个人要能悦纳自己,最终也必然能为他人所悦纳。能体验到自己存在的价值,能面对并处理好日常生活中遇到的各种挑战,虽然有时不尽如人意,也并非总为他人所喜爱,但肯定的、积极的自我观念总是占优势的。因此,教师应率先而为,悦纳自我!

悦纳自己,首先要抛弃虚伪和造作。教师要以自己执著的信念、真诚的情感、坚韧的意志、质朴率真的本色处世待人。在现今尚有一些消极因素影响的世风中,教师的质朴率真,对学生来说无疑是一股清新怡人的春风,一泓清冽可鉴的泉水,自然具有吸引力。

悦纳自己,还要敢于冲破世俗的羁绊。作为教师,在课堂上要勇于来一番真刀真枪的改革。一切为了教学需要,不追逐时髦的改革口号,不作"应景性"的表面文章,不贪恋于追逐眼前利益,不将分数奉若圭臬,跳出一切旧有模式的框架,让自己的教改之风自然、和煦而恒久。

悦纳自己,更要断然甩掉旁人给你的无端的压力。如果教师缺乏独立人格,唯上唯书,人云亦云,见风使舵,不敢直抒己见,为了保持与别人的一致而不惜磨平自己的个性棱角,这样的教师不太可能培养出个性化的学生，更不用谈办特色学校。让教师成为主宰自己命运之舟前行的舵手吧！让教师自己把握航行的方向，不被外力同化，不被外力左右，义无反顾，追寻属于自己的远方。

资料来源：袁建.教师，请悦纳自己.中国教师报，2003(20).

海湾小学语文课堂教学评价表

班级：　　　授课教师：　　　　　　　课题：

评价项目		等级				
		A	B	C	D	得分
教学目标10%	1. 符合课程标准要求，体现良好学校素质的培养和基础性目标的完成，注重学生发展性目标的培养	5	4	3	2	
	2. 教学目标明确、具体、符合学生实际	5	4	3	2	
教学理念22%	1. 以学生为主体，注重面向全体学生，关爱中下生，尊重学生，营造民主平等的学习气氛	6	4	3	2	
	2. 激活课堂，强调自主学习，实现互相合作，重在鼓励，引导学生从成功走向成功	6	5	3	2	
	3. 重视指导学法和培养良好的学习习惯，强化朗读感悟，淡化内容理解	5	4	3	2	
	4. 重视学生个性的培养，鼓励学生敢于质疑求异，培养创新精神	5	4	3	2	
教学方法15%	1. 根据教学内容要求和学生实际，选择合适的教学方法，力求灵活多样	5	4	3	2	
	2. 是真正的启发式，讲授生动、精当，能举一反三，提问有启发性，能引起学生思考	5	4	3	2	
	3. 是有效的讨论式，讨论时有组织，有中心，有突破，有反馈	5	4	3	2	
教学手段15%	1. 从教学实际出发选择教学手段，力求恰当和有效，充分恰当地运用校园网络等现代教育媒体与学科教学整合，让学生全感观参与学习	6	5	3	2	
	2. 使用电教媒体技术熟练，效率高，效果好	5	4	3	2	
	3. 板书设计合理，精当，书写工整规范	4	3	2	1	

评价项目		等级				
		A	B	C	D	得分
业务素质28%	1. 仪表端庄，举止大方，教态亲切	4	3	2	1	
	2. 用普通话教学，语言规范、流利，富有启发性、引导性	5	4	3	2	
	3. 组织教学能力强，注重及时反馈，及时调控能力强而合理	5	4	3	2	
	4. 专业知识丰富，专业技术娴熟，无错误	4	3	2	1	
	5. 熟悉课程标准要求，熟悉教材，教学目的明确、恰当	6	5	3	2	
	6. 用得体的语言与体态信息跟学生拉近距离，促使教学任务高质量地完成	4	3	2	1	
教学效果10%	1. 学生积极参与教学，学习积极性高，兴趣浓，完成教学任务顺利	5	4	3	2	
	2. 不同层面的学生都有所得，有所提高	5	4	3	2	
特色与创新（奖励加分）	有独到之处，而且观念先进，做法科学	5	4	3	2	
	评定等级：	总评得分：				
说明	90分以上为“优秀”；80—89分为“良好”；60—79分为“合格”；不足60分为“不合格”					
点评						

评课人签名：　　　　　　　　　　年　　　月　　　日

资料来源：倪敏强. 构建小学语文新课程课堂教学评价体系. 现代中小学教育，2003(1)：51.

湖北：普遍建立“师德档案”

某中学教师体罚学生，不但受到了行政处分，而且在他的“师德档案”中也被重重记上了一笔。湖北省今年已在全省各个学校广泛建立起“师德档案”制度，此举越来越受到学生和家长的欢迎。

近年来，少数教师不遵守职业道德，伙同学生作弊、体罚学生，甚至猥亵学生，造成不良社会影响。为规范教师行为和进一步提高教师道德水平，湖北省规定今年全省各学校都必须建立“师德档案”。

据湖北省教育厅教师管理处张杰处长介绍，全省各学校已普遍建立“师德档案”，采用自评与公开评议、定量与定性相结合等方法对教师的道德水平进行考核，记录教师在道德上的成绩和问题。考核共分优秀、称职、基本称职与不称职4个层次，而且已纳入教师人事档案，并将作为年终考评的依据。

为了推进“师德档案”工作，湖北省教育厅决定在近期举办以“师德建设与教育创新”为主题的中小学教师师德论坛，并与新闻媒体合作开展“我的老师”征文竞赛活动。

资料来源：中国教师报，2003(27).

好课，能否这样表述

什么样的课才叫好课，这问题就像问什么样的人才叫美人，以不同的标准，用不同的眼光，从不同的角度去看，也许答案会相去甚远。但有一点是肯定的，新课程理念下的好课不再是“技艺展示”，更多的是“风格追求”，是教师带着理念进课堂，是学生带着个性去探究，让课堂充满成长的热望，让教与学成为师生体现和实现生命价值的一种生活方式。因而，我心目中的好课可能是这样的：

首先，好课应是保持“自然”的课。好课需要设计，但设计不等于作秀。一堂好课，不在于刻意制造些什么，更不在于额外附加些什么。恰似厨师做菜，重要的不是“全席”，不是“珍馐”，而是能对人胃口，让人吃得轻松，吃得满意，这就够了。好课也应该是因“材”(教材)设教，因“材”(学生)施教。那种需要大动干戈、另起炉灶的课，往往是“公开课”，是竭尽全力上给别人看的课。这样的课，纵有千好百好，学生是不会鼓掌的，教师也是心知肚明的。教学是生活，上课如过日子，顺其自然才是真。

其次，好课应是富有“气息”的课。上课不是打仗，不是师生憋气较劲。上课是学习共同体“对话”着、“协商”着，智慧地穿越知识的原野。因而,好课在激发学生求知、奋进的同时,应当给人“如沐春风”的愉悦。很难想象,当我们的教师抱着“例行公事”的漠然步入教室,当我们的学生怀着“又是一课”的烦躁打开书本时,课堂里会有怎样的“生气”!同样很难想象,一个只把教艺展示作为好课追求的教师,会让课堂荡起理性的清风和诗意的涟漪!正像好教师要有气质,好课也应有大家气息,充满自然、清新、健康、生命活力和个性魅力的气息!如此,课堂才会生机盎然。

第三,好课应是留足“空间”的课。著名美学家朱光潜先生曾有这样一个独特的主张:少上课,多读书。少上课是要教师放弃话语霸权,把课堂时间尽可能多地留给学生;多读书是要学生学会学习,主动探究,尽可能地拓展学习空间。中国画中有“留白”一绝,很值得教师借鉴。滴水不漏的课,是教师的“匠心独运”,可以让听课者刮目相看,但绝不会让学生受益匪浅。这样的“好课”,是教师的“独秀”,学习的主体学生却只当了一回群众演员。没有空间,就没有遐想与深思;没有遐想与深思,何来个性与创新?留下空间,有时就是留下期待,留下余韵,留下创造!

好教师应当重课艺又重科研。好课应当把学生放在课堂的中心,让人动脑并动心,让人回味并期待。换个角度是否可以这样强调:好课是飘扬理念的课;好课是孕育激情的课;好课是挥洒个性的课;好课是创造空间的课;好课是自然而然的课;好课是不拘一格的课。

资料来源:凌龙华.好课,能否这样表述.中国教师报,2003(19).

教师工作评价分数汇总表

姓名	评议得分			量化得分					奖惩得分									
									加分						扣分	本项合计	综合得分	等级
	领导	互评	本项合计	工作量	班容量	常规工作	教学成绩	本项合计	承担课题	学历进修	优质课等	论文经验	辅导学生	组织活动				

资料来源：彭慧.教师工作评价方案浅探.教学与管理，2002(4)：12.

让学生写"学后记"的尝试与实践

"学后记"，即让学生在每堂课的学习之后，将自己（也可以是同学、老师）的所思、所想、所创与所用，甚至是教师的所教，借助书面语言真诚、真实、真情地"再现"出来，然后交与教师批阅，与教师共同交流、探讨、分享的一种新颖独特、自由开放、用心交流的双向教学信息反馈作业形式。内容大致有"记学、记教、记做"三方面。

1. 记学——得失、困惑、创见

得——[生1写]：我学会了怎样求长方体和正方体的体积，真开心！

[师寄语]：祝贺你！再接再厉，争取学会更多立体图形的体积计算方法。

失——[生2写]：我太粗心，做练习时把5^3错算成5×3。

[师提示]：$5^3=5\times5\times5=125$，表示3个5连乘；$5\times3=15$，表示3个5连加。相信你会知"错"而改的。

……

2. 记教——优点、缺陷、漏洞

优点——[生5写]：数学老师切萝卜的动作真熟练，技术也好，块块都一样大。我真想学一学。

[师激励]：谢谢你的夸奖。无论做什么事，只要肯多学多练，你一定能行！

缺陷——[生6写]：我觉得杜老师在讲长方体和正方体的表面积和体积两者之间的区别时，不够清楚，我还是不太明白。能不能再多讲一次呢？

[师肯定]：你的建议太好了！老师一定会补上这个"漏洞"，并希望你今后多指"教"！

资料来源：杜建民.让学生写"学后记"的尝试与实践.中小学数学·小学版，2003(5)：15、16.

从“学生评教”中提升自己

学生评教评什么？要达到的目的是什么？教师从评教中能够获得什么益处？这些问题不解决，评教就一点好处都没有。

评价一个老师到底看的是什么？一方面，从学校、家长和学生三者来看，学校要生存，凭的是教育教学质量的水平；家长希望自己的孩子将来有个好的前途；学生来校学习的目的也是为了升学，所以，我认为能够把学生教好的老师就是好老师，就应该得到学生相应的承认，这不仅仅是对老师劳动的尊敬，也是对老师下一步工作的鼓励，对老师、对学生都是有积极意义的。另一方面，现在的学生不同于过去的学生，师道尊严的思想相对淡化，他们对老师的要求也比较高：老师不仅要能够传授知识，还要能够做他们的朋友，能够跟他们平等对话。一项有关“中学生喜欢什么样的老师”的调查显示，当代中学生最喜欢的老师的特点是：学识渊博，认真负责，风趣幽默，关心学生。这就是说，作为教师，除了教好书，还要建立良好、和谐的师生关系，才会被学生认可。

学生评教有可能会不公正，面对这种情况，老师要做的不是发脾气、使性子，而是静下心来好好反思自己教育过程中的得与失，对照学生的要求去改变自己一些不好的做法，在让学生接受自己的同时，自己也要学会慢慢地适应学生。师生和谐的关系是提升整个教学过程质量的一个重要保证。

这里要解决的首先就是一个老师要转变观念的问题。老师不能够不讲原则，不能够盲目地一味去迎合学生，对学生做得不对的地方还是要说，对学生应该严格要求的时候，还是要严格要求，只是要改变方法，让学生更加愿意接受。苦口的良药是用来治病的，假如患者吃起来觉得味道不好，拒绝接受，就不会起到治病救人的作用；而给良药包上一层糖衣，效果还是那样的效果，别人接受起来就更加容易些。老师所做的工作，就是把自己对学生的关心、爱护和严格要求，用一种宽容和蔼的语气表达出来，让学生愉快地接受。

资料来源：焦照锋.“学生评教”能否担此重任.中国教师报，2003(9).

浙江：上虞市城东小学学生和家长公开选老师

新学期伊始，浙江省上虞市新创办的城东小学不光以崭新的校舍迎接新同学，一种完全新型的校务活动更让家长和学生们感到兴奋：新生可以根据自己的意愿选择班级和老师。此举受到社会的普遍欢迎。

据了解，在暑假中，该校就组织家长们来校听老师的自我介绍演讲，让家长与老师实现近距离的接触和交流。家长们在对所有教师有了一定了解后，再根据自己孩子的性格、兴趣和特点，选一位自己信任的老师，找一个适合孩子发展的班级。学校提出的口号是："做一个孩子信任的老师是我们的责任，选一个孩子信任的老师是你的权利。"

资料来源：中国教师报，2003(35).

（三）学校评价

CIPP 教育评价模式简介

近年来，在美国流行一种 CIPP 教育评价模式，其首创者是美国的斯塔弗尔比姆。这种评价模式是美国在教育项目的评价实践中发展起来的，适用于评价学校和各种教育项目的实施。该评价分为4个不同的阶段：背景、输入、过程和结果。这4个阶段的第一个英文字母分别是C、I、P、P，所以也把这个模式称为 CIPP 模式。CIPP 模式包含了背景评价、输入评价、过程评价和成果评价。其具体内容为：背景评价，确定被评对象的背景（现状）、发展的需要、确定发展的目标。实际上是评定其目标的合理性。输入评价，确定实现目标的策略，实现目标所需的各方面的保障条件，如人员、经费、设备等，以及实现目标的进程。这实际上是一种可行性评价。过程评价，在实施过程中进行，根据所定的工作进程进行阶段性的评价，观察其成就和不足。在这个阶段所收集的各种资料、信息，也为最后的成果评价做好了准备。成果评价，在项目结束时，收集有关成果的各种信息，综合背景、输入、

过程的评价，作出综合性的总体评价，评定其价值、优点。笔者在实践工作中，通过分析论证，认为CIPP模式具有以下优点：1.评价是从学校实际出发的，目标不是上面规定的，而是根据学校的实际情况自己设置的。其合理性和可行性是经过论证的。2.评价贯穿于工作的全过程。评价人员参与了背景评价、输入评价、过程评价，对实际的背景、工作过程、所取得的成就和不足都有深刻的了解，因而成果评价可以客观、公正、科学。3.维护了被评价者的主体性。在这种模式里，被评的学校一直处于一种主动的地位，目标是自己提出的，实施的条件、步骤是自己安排的。整个的实施过程都是自行完成的。评价人员一直处于咨询、参谋、协助的地位。4.发挥了评价为决策服务的功能。评价既为被评学校的决策服务，又通过评价报告向学校的上级部门如实反映情况，为上级部门的决策服务。

资料来源：金一鸣.评价学校的两种模式之比较.中小学管理，2003(3)：48.

分级分等可升可降

湖北省在对学校的督导评估中实行“分级分等、晋级升降”制度：即对全省每一所普通中小学校的综合督导评估按原“分级办学、分级管理”的体制实行分级评估。在学校自评的基础上，小学和初中的他评由县、市负责，高中由市、州负责。每4年进行一轮，综合督导评估的结果按省、市(州)、县(市、区)三级各分为四个等级：示范、先进、合格、不合格。实际操作为：在第一轮的综合评估中，对每所学校确定一个等级，以后的每一轮评估都要依据评估结果，重新确定新的等级。新的等级的确定，不受已有等级的影响和限制，可升可降。县(市、区)可达到一等标准且成绩特别突出的学校，可上报市、州申请市级一等学校的评估；经市州评定为一等且成绩特别突出的学校，可上报省申请省级一等即省级示范学校称号的评估。在运作过程中，大部分市、州还结合本地实际制定了相应的学校督导评估方案。

目前，湖北省所有县(市、区)都已普遍开展了对学校的综合督导评估，中小学自评面已达95%以上。截至2002年6月，全省已评出县级示范学校1500多所，市(州)级示范学校200余所，省级示范学校

近60所。省督导评估的做法为：

舆论宣传到位。学校评估之初，存在着是争“升学率的位子”，还是创素质教育“示范学校牌子”的认识问题；社会和家长也存在着“升学率高就是质量高，学校才是好学校”的评价标准问题。为此，省、市、县各级督导部门大力开展宣传，精心培育典型，抓住更新教育观念，树立素质教育思想，不断端正、提高和统一各方面的认识，从而逐步提高了中小学校督导评估工作的自觉性和主动性。

设定督导评估指标体系。湖北省制订的《普通中小学校督导评估方案》几经修改，渐趋完善。具有较强的指导性和实用性。

《方案》将抽象提法具体化，如在评估办学效果中，规定了对学生素质，包括思想品德素质、文化科学素质、身体心理素质与艺术素质及实践能力与创新素质的各项具体内容；强调教育思想的转变，提出了“教育理念清晰”的要求，以此引导学校用现代教育思想和不断更新的教育理念指导办学行为，逐步实现以人为本的办学宗旨。

湖北省评估方案的指标体系就指标性质而言大体包括六类指标，即方向性指标、条件性指标、职责性指标、效果性指标、效益性指标、发展性指标。在设立具体指标评等标准和权重时，也考虑到各类不同层次学校的发展水平，从而保证评估指标体系可以适合不同地区、不同层次、不同条件的学校，既为“分级分等，晋级升等”评估确立了共性基础，又为学校可持续发展提出了发展目标，具有普遍的适用性。

充分运用督导评估结果。把督导评估的结果在报纸、电视、广播、刊物等新闻媒体进行宣传，将示范学校情况编入教育志、地方志、年鉴；将示范学校的办学经验和办学特色汇集成书等。此外，我们还将督导评估结果与学校的评先表彰、校长工作考核、教师职称评定、学校招生改革挂起钩来，切实将竞争、激励机制引进学校。

资料来源：中国教育报，2002-12-26.

如何让评价走向校本

要使评价成功地走向校本，从学校来看，至少应从以下几方面着手：

1. 树立办学理念。校本评价关注学校自身的价值，这就要求学校

在一定教育哲学思想的指导下，形成自己的办学理念。所谓办学理念，就是指对办学工作的一些基本看法，它是一所学校的灵魂，具体表现为学校的管理观、教学观、学生观和人才观等。这些观念理应体现时代的精神，符合社会与国家的要求，反映教育改革的需要，体现教育的共性。

2. 制订发展计划。学校发展计划就是学校未来一定时期内的成长蓝图，是学校办学理念的具体化或物化。我们强调学校发展计划应是学校自己的计划。它需要学校依据自己的办学理念，在充分分析校内外具体情况的基础上，看到自身发展面临的挑战与机遇，确立自己的办学目标，明确对学生的培养目标，优化配置各种资源，合理安排各项措施与途径。

3. 确定评价者。为了使计划得到有效的实施，学校必须拥有一批评价者。评价者是校本评价的具体实施者，可以渗透于各个部门之中，也可以视学校具体情况成立一个单独的评估组织，组成人员既可以是领导、教师和学生，也可以是社区人员和家长。在学校内部的人员既是学校计划的实施者，同时也是计划实施的评价者及监控者。

4. 构建评价方案。评价方案是学校开展评价工作的设想或框架。要制订学校自己的评价方案，必须抓住两点不放：首先，制订方案的指导思想不是外部强加的。制订方案的指导思想来源于对党和国家教育方针政策的了解，来源于对教育规律的认识，来源于学校对教育价值的选择，来源于对学校自身发展的把握。其次，制订的评价标准不是外部强加的。评价标准是衡量一项工作完成情况的准则。校本评价提倡根据自身的需要，自己确定评价标准。总之，评价方案应有利于真实评价学校计划的实施情况，有利于推动学校各方面的工作，有利于教师、学生和学校的可持续发展。

5. 形成评价制度。评价制度应该包括组织制度、工作制度等。校本评价制度应根据学校自身的实际确定，关键是要通过这些制度的确立，保障评价工作是着眼于形成性评价，形成自我发展的监控体系，构建学校自主发展的机制，推动学校的可持续发展，而不陷入评等定级的窠臼。

6. 营造评价氛围。校本评价是一种全新的评价模式，它旨在营造

一种宽松和谐的氛围，让学校教职工在愉快的气氛中，围绕学校计划，对照自身的工作，自我反思，自我调整，最终达到自我超越、不断发展的目的，追求的不是“证明”，而是“改进”。这就要求全体教职工能理解这一评价模式的含义，掌握一定的与校本评价相适应的评价知识与技能。更为重要的是，全校教职工要能以全新的精神面貌，主动积极地接受这种评价方式，以一种坦诚公正的心态来开展这一评价工作。

资料来源：汤春林. 让评价走向校本——校本督导运行机制的实践与探索. 教育发展研究，2002(3)：75、76.

江苏所有普通高中纳入“星级评估”

——暂停“重点”审批实行跟踪考核

从今年起，江苏省将暂停“重点”审批，对普通中学实行“星级评估”，并实行跟踪考核机制。

目前，江苏省共有800多所中学，其中国家标准级重点高中有90多所，省重点中学达300多所，加上市级重点，重点中学占总数的百分比过高。为此，省教育厅决定从今年起暂停“重点”审批，改为普通高中星级评估，教育厅将按有关标准把学校分成五个等级，最低一星，最高五星。大致为：一级为合格学校；二级相当于市级重点；三级相当于省重点；四级相当于国家级重点；五级是与国际接轨的重点学校。

据省教育厅有关部门负责人介绍，和过去省重点评估只能由个别学校申报不同的是，今后所有普通高中都要纳入星级评估行列。学校要申请星级评估，首先要提交建设规划，教育厅将组织有关专家和部门进行论证，在今后建设过程的不同阶段还要验收，从而把学校建设纳入整个评估过程。

据介绍，过去评重点高中全由专家说了算，今后则更多侧重于社会评价，如学生、家长的意见，同行的态度等。为此，省教育厅还将发放大量的调查问卷。过去省重点都是“终身制”，星级评估则有“保质期”，学校上了星还要“护星”，每过一段时间都要重新接受审核，星级学校如有乱收费等违纪或不规范行为，将被摘牌。

资料来源：中国教育报，2003-2-15.

学校成为督导评估的主体

以往教育督导部门大多采用“一把尺”对不同类型、不同发展水平的学校进行督导评估，它是一种带有奖惩色彩的鉴定性督导评估。显然，这样的教育督导评估已不能适应素质教育的要求，不利于促进每一所学校的主动发展。对此，上海市浦东新区政府教育督导室（以下简称：新区督导室）开展了《区域发展性教育督导评估实践研究》，力图从理论与实践的结合上构建能体现素质教育思想，促进学校主动发展的发展性教育督导评估体系。

新区督导室在开展发展性教育督导评估的过程中与学校形成了共同的评估标准。主要包含三个方面：其一，计划标准。看一所学校是否能对自身的发展背景作出客观、全面、透彻的分析，即是否能在对教育改革与发展进行理性思考的基础上确定发展的重点，并以教育目标和发展背景为依据、以发展重点为主线，构建从发展总目标到发展子目标的目标体系；是否确定了实施计划的策略、措施、步骤、时间及方法；是否明确了每一个人的岗位职责、具体任务及工作要求；是否建立了发展计划的监控与评估体系。其二，进步标准。看一所学校发展计划中的目标达成情况、教育投入的总量与产出的效率和效能、群体与个性在原有基础上进步的速度和水平。该标准主要以原先的状态为参照系，即着眼于纵向比较，而不是横向比较。其三，改进标准。看一所学校、群体及个体通过自评和他评是否发现了存在的问题；是否能针对存在的问题认真制订切实可行的改进计划，并扎实有效地实施改进计划；是否产生了明显的成效。上述三大标准是以计划为导向，以进步为核心，以发展为根本的。

资料来源：中国教育报，2002-12-26.

学校好不好 社会来评价

——北京房山区"双争"活动家长唱主角

学校好不好,不是由学校自己说了算的。北京市房山区尝试采用社会评价的办法,让家长唱主角,学校面貌出现了可喜的变化。

从去年年底开始,房山区政府督学室和区教工委,深入到全区95所中小学进行社会调查评价工作,向学生家长征求对学校的意见、建议,请家长为学校打分,并把家长评价作为评价学校的重要内容。家长评价分数低于80%的学校将被黄牌警告,校长将被罢免。这是房山区"争创人民满意的学校,争当人民满意的教师""双争"活动的重要举措。

本次活动共发放家长评价问卷16929份,得到广大家长的大力支持和积极配合,许多山区学校的家长步行30多里,两次到校,支持调查工作;有的家长不识字,就请老师一道题一道题地念,然后认真地填写自己认为合适的分值。从已回收的评价问卷看,家长参评率达到96%。从测评结果看,全区总平均分为96.3%。家长满意度在70%以下的学校为0。

从评价内容看,由于北京市房山区政府实施了山区教育工程,山区学校的家长看到了学校翻天覆地的巨大变化,因此,对学校的"校园环境"、"教学质量"等项打分很高;对于社会关注的乱收费问题,由于教育行政部门的严格管理,实行了收费卡制度,今年也得到了很好的控制,家长在"学校收费工作及收费管理"上打分明显高于往年。但是,从"学校和教师与学生家长联系情况及对学生家长的态度"栏目看,许多家长打分偏低,说明现在的家长非常愿意与学校沟通交流,而我们的学校和教师还没有充分认识到这一点的重要性。

资料来源:中国教育报,2002-8-27.

四、问题与思考

（一）学生评价

案例：一堂估算课

师：“假设我们正在逛商店。看这是什么？”（展开自己制作的挂图）

学生们叫道：“随身听。”

师：“有什么用处？”

生：“学英语。”

师：“你们估计多少钱？”

生：“100元。”

师：“不对，比100元多。”

红红：“200元。”

师：“红红真聪明！表扬她！”

学生有节奏拍手并喊：“嗨、嗨、嗨，你真棒！”（并齐刷刷地竖起大拇指）

（老师把一枚金色的星星贴在红红的前额上）

（从录像上观察，此后的上课过程中，红红一直沉浸在激动与兴奋之中，没有注意听讲）

师：“随身听的准确价格是242元。”（老师把价格写在黑板上）

师：“这是什么？”（老师又出示了挂图）

学生们：“孩子骑的单车。”

师：“多少钱？”

生：“200元。”

师：“不对，比200元多得多。”

生：“1000元。”

师：“不对，比1000元少多了。”

生：“500元。”

师：“还是多了。”

生：“400元。”

师："对，表扬他！"（老师兴奋地叫道）

学生们："嗨、嗨、嗨，你真棒！"（动作同上）

（老师给小孩贴金星，老师太激动，手按得太重，差点把小孩按倒）

（老师标上价格：387元）

师："你们想要这两样东西吗？"

学生们："想要。"

师："买这两样东西，你们估估要多少钱？"

生："我知道，老师，让我说！"（一个小男孩踮着脚，高高地举着手急切地说）

师："欢欢，你说。"

欢欢："比200元多。"

师："你估得不对。谁能告诉欢欢应怎么估算？"（老师立刻作出反应）

（欢欢因为答错了而被纠正，整堂课情绪都不稳定，左顾右盼、心不在焉）

生："随身听242元，约250元；单车387元，约400元。250加400等于650。买这两样东西，大约650元。"

师："对，表扬他！"

学生们："嗨、嗨、嗨，你真棒！"（动作同上）

……

（其他学生展示不同的估算方法并列算式）

（老师把算式中"="改写为"≈"）

师："这就是今天要给你们介绍的新符号——约等号。它很漂亮，你们想一想，它像什么？"

生："像大海里滚动的波浪。"

师："真有想象力，表扬他！"

学生们："嗨、嗨、嗨，你真棒！"（动作同上）

……

资料来源：赵光平，等．一堂估算课．人民教育，2002(8)：39、40．

思考与讨论：

1. 你认为案例中老师对学生的评价是否恰当及时？为什么？
2. 这种评价会提供给学生什么样的心理环境？
3. 这种评价是否起到了鼓励性教育的作用？

（二）教师评价

案例：一次观念全新的评课活动

前不久，我去德国进修，期间参加了一堂体育课的评课活动，真令我感慨万千。

那天，一堂四年级的体育课在室内操场进行，执教的是艾默特女士，她身材修长，穿着一件健美服。优美的曲线加上鲜艳的服饰，在我这个东方人的眼里，总觉得酷得过分。10分钟的热身操后，她开始了本堂课的主题教学：教学一个德国乡村婚礼上的集体舞。这个舞蹈共有四个动作：向左移三步；向右移三步；右手脱帽、弯腰行礼；将礼帽扔向空中并捡回。20分钟的教学真是“惨不忍睹”：四年级的学生左右不分，有的左手执帽，有的右手执帽；有的先移左脚，有的先移右脚；伴着音乐有的弯腰，有的挺身。于是，胳膊碰胳膊，屁股撞头，混乱不堪。只有一个动作是一致的，那就是将手中的帽子扔向空中，再满操场地奔跑着捡回来。那些金发碧眼的脸满是汗水和喜悦，我猜他们一定是其乐无穷。

在喝咖啡的休息时间里，我梳理着自己的思路：隔着国情和民风，我不敢直抒其言，但除了激发学生的学习兴趣以外，成功之处又有哪些呢？

评课活动开始了，评课教师凯根先向我们做了简单的介绍：艾默特已有15年教龄，是一位两个孩子的母亲。听到这里，我简直怀疑自己的眼睛，如此健美的体形，怎可能是一位母亲？而后凯根直奔主题，提了三个问题：

1. 你认为上体育课有必要如此专业化吗？2. 你认为这堂体育课完成了教学目标吗？3. 你认为这堂课有何不足？

艾默特沉思了片刻，即答：“我觉得自己穿健美服上体育课很有必要。因为，我给学生带来了美感。常有女学生对我说：‘艾默特小姐，

我真希望以后像你这样苗条!'也有许多男生夸我说:'你的身材真棒!'因此,我想,专业服饰在这个班上有利于我的教学。"凯根微笑着点头。

"这是一堂体育课,不是舞蹈课!"艾默特继续说着,"舞蹈动作的标准和整齐,不是这堂课的教学目标,舞蹈只是我的教学手段。我利用学生渴望学会舞蹈的心理,让他们达到一定的运动量。你们都看到了,我的每一个学生都达到并超过了这堂课的运动量目标。所以,我认为我的教学目标完成得很好,没有什么遗憾和不足。"

这种西方式的自信,我听得目瞪口呆。可是从教学目标和手段、教师仪表和教学内容的关系上品味,她的答辩自有道理。督导们开始讨论了,每一位发言的督导都用问答方式发表自己的意见,同时也给艾默特以解释的机会。在这样的交流过程中,一个教学环节的弊端显现无疑。那就是整堂课上学生对这个乡村婚礼上的集体舞没有一个完整准确的形象感知。随后,凯根先生在总结这次活动时指出:有必要课后让学生看录像和光碟,以弥补学生对这个舞蹈缺乏整体认知的缺憾。艾默特心悦诚服地接受了。当凯根先生将目光转向我这个唯一来自东方的女教师时,我真是一言难尽。我想说,如此诠释教学目标与手段的关系,如此演绎教师服饰与美育的潜移默化作用令我茅塞顿开。我更想说,这种平等、开放、问答式的评课方式,是教师富有个性的教学思维的基底。不过说出口的则是这样一句话:我很欣赏这种评课方式,它既能使执教教师自由阐述自己的教学思想,又乐意改进教学中的失误。我将把它介绍给中国的教师。

归途中我想:敢于尝试这种评课方式的教研人员,不仅要教学原理娴熟于心,听课反馈清晰迅捷,还要有良好的谈话口才。在中国谁会是第一人呢?

资料来源:董蓓菲.一次观念全新的评课活动.新民晚报,2001-2-19.

思考与讨论

1.这种评课方式有哪些优点?体现了教师评价的哪些新理念?

2.您认为应从哪些方面对教师的教学进行评价?

3.作为一名教师,您喜欢这种评课方式吗?请谈谈您的感受。

(三)学校评价

案例:日本学校评估基准表(缩编)

表1 对教育课程的编制和实施的评估

评估项目	评估内容
A1 学校的教育目标	A11 目标的制定
	A12 目标的普及
	A13 目标的具体化
A2 为达到学校教育目标而制定的基本方针	A21 达到目标的方针
	A22 教育内容的重点化
	A23 教育课题的灵活处理
	A24 道德教育、体育的整体计划
	A25 指导计划、实施计划的制定和灵活运用
	A26 指导方法
	A27 教材、教具的活用
	A28 设施、设备的活用
	A29 学习环境的整备
A3 各学科的指导	A31 指导实现的情况
A4 道德指导	A41 指导实现的情况
A5 特别活动的指导	A51 指导实现的情况
A6 有特色教育活动的指导	A61 指导实现的情况
A7 生活指导	A71 指导实现的情况
A8 出路指导	A81 指导实现的情况
A9 年上课天数以及年课时数	A91 年上课天数
	A92 每日课数和每周课时数
	A93 各学科的年课时数
	A94 特别活动的年课时数
A10 学校庆典	A101 指导实现的情况
A11 健康、安全的指导	A111 指导计划
	A112 环境的准备、活用
	A113 指导实现的情况

表2 支撑编制实施教育课程所需条件的评估

评估项目	评估内容
B1 经营、管理	B11 经营方针
	B12 学校事务的分管
	B13 年级、班级管理
	B14 学校工作人员会议
	B15 各种委员会、部会
B2 研究进修	B21 校内研究进修
	B22 以部会为单位进行研究进修
	B23 校外研究进修活动
	B24 资料的收集、整理、活用
B3 信息	B31 处理信息的计划、组织
	B32 教育信息
	B33 官方文件
	B34 各种表格等
B4 设施、设备	B41 学校范围内的用地设备设施
	B42 校舍内的设施、设备
	B43 教材、教具的整备管理、活用
B5 出纳、会计	B51 预算的编制和执行
	B52 学校提供午餐的费用和其他各项费用
B6 和家庭、地区社会的配合	B61 与家庭的关联
	B62 与小学、高中的配合
	B63 与各有关部门的配合
	B64 与地区社会的配合

资料来源：朱永新，王智新，尹艳秋. 当代日本道德教育(附录一). 日本学校评估基准表. 太原：山西教育出版社，1999.

思考与讨论

1.《日本学校评估基准表》体现了学校评价的哪些新理念?

2.《日本学校评估基准表》与典型案例中“汨罗市小学阶段乡级教育质量评价方案”相比有哪些异同点?其中有哪些内容值得我们借鉴?

3.谈谈您对新课程评价所倡导的学校评价的认识与体会。

小结

新课程倡导“立足过程,促进发展”的课程评价。重点是:在学生评价方面,强调建立评价学生全面发展的指标体系。包括学生的学科学习目标和一般性发展目标;重视采用灵活多样、具有开放性的质性评价方法,即关注过程性评价;将考试和其他评价有机地结合起来,全面描述学生发展的状况。在教师评价方面,打破唯“学生学业成绩”论教师工作业绩的做法,建立促进教师不断提高的评价指标体系;强调促进教师教育教学自我反思能力的提高;建立“以学论教”的发展性课堂教学评价模式。在课程实施评价方面,强调建立促进课程不断发展的评价体系;以学校评价为基础,建立促进学校发展的评价体系,促进新课程的实施与发展。在考试改革方面,考试内容应加强与社会实际和学生生活经验的联系,重视考查学生分析问题和解决问题的能力;考试方式灵活多样,将过程性评价与终结性评价结合起来;加强考试结果的分析指导,重在为学生提供建设性改进意见;加强升学考试与招生制度的改革,应考虑对学生综合素质发展的评价等。

第7部分 课程管理

学习目标

1. 了解课程管理内容。
2. 理解国家课程、地方课程和校本课程之间的关系。
3. 把握校本课程的内涵。

方向导引

改变课程管理过于集中的状况，实行国家、地方、学校三级课程管理，增强课程对地方、学校及学生的适应性。

——教育部文件：教基[2001]17号《基础教育课程改革纲要（试行）》

一、观点与原理

课程管理的基本任务在于指导课程建设与课程实施，课程管理是各级教育行政机构必须负担的一项重要职责。我国各地经济文化发展存在着很大差异，完全用大一统的课程设计与要求，无法满足不同

地区学生发展的需要。因此，新课程提出“为保障和促进课程对不同地区、学校、学生的要求，实行国家、地方和学校三级课程管理”①。这是我国基础教育课程管理权力的一次再分配，既体现国家对课程的基本要求，又为地方和学校留有课程开发的空间和余地。将一部分课程开发与管理的权力下放到地方和学校，为地方和学校提供更多的参与课程开发与管理的机会，提高课程对不同地区、学校的适应性。

（一）课程管理体制走向民主与科学

顺应国际课程改革走向共同参与决策的趋势，我国新一轮基础教育课程改革也提出了基础教育课程管理改变过去单一的国家课程管理体系，实行国家课程、地方课程、校本课程三级课程管理体制。我国三级课程管理体制着眼于集权与分权的平衡，强调课程权力的下放，使地方和学校成为部分课程决策的主体，从而扩大课程的参与面，国家、地方和学校分别享有不同的课程开发与管理权力，实现课程管理主体的多元化，满足不同地区、学校和学生对课程的需求，使课程管理更富有弹性，更趋于灵活，走向民主与科学管理。

三级课程管理体系使国家、地方、学校共同参与课程管理，体现了课程管理的民主化。三级课程管理把一部分课程管理权力下放给地方和学校，从而使各方的权力趋向一种平衡。国家课程管理主要是在宏观上保证全国范围内的课程达到统一的基础，制定指导性的政策、法规，对课程进行总的调度、协调和规划，保证其方向上的正确性。学校课程管理主要在微观层面制订本校具体培养目标，对教学质量进行监督检查，对校内外资源进行合理的开发与利用等。地方课程管理则是在前两者之间架起一座桥梁，对所辖范围的基础教育课程开发与实施的质量负有直接的责任，发挥着中央教育机构难以替代的作用。

课程管理理念科学化。课程管理不仅要对课程的实施结果进行管理，更应重视对课程实施过程的管理，管理的目的不仅在于课程本身，更要保证课程能够切实地促进学生、教师与学校的发展；课程管理的主体不是单一的，而是多元的，鼓励教师、学生、家长与社区人士共同参与到学校的课程建设与管理中来，促进学校发展。课程管理程序

---

① 教育部.基础教育课程改革纲要（试行），教基[2001]17号，2001-6-8.

科学化。实行三级课程管理体系，国家、地方、学校分别具有不同的课程管理权限，各级课程管理机构要各负其责、各司其职。国家课程管理在开发基础课程的同时，还要规定各领域的课程标准、课程计划，规范教材管理等；地方课程管理要在保证本地区切实贯彻国家课程的前提下，制订本地区的课程实施计划，开发地方课程，并加强对所辖范围内的校本课程的指导；学校一级课程管理要根据相关文件规定，整合三类课程，处理好校本课程与地方课程的连续和衔接，开发适应本校与学生需要的校本课程，保证三类课程在培养目标上的一致性，并且要加强学校的教学、课程、教师、学生等各方面的管理。

（二）课程形态的灵活性与课时安排的弹性制

统一的课程形态与统一的课时安排一直是我国课程管理大一统方式的突出表现，导致地方课程缺乏对学生的适应性，学校课程与教学缺乏灵活性。新课程改革允许学校根据自身条件选择不同的课程形态，并在国家统一课时比例规定下灵活安排课程，实现课程形态与课时安排的弹性制管理。

在以往大一统的课程管理方式中，不同地区与学校为达到统一要求，各校的课程形态与课时安排完全一致，忽视学生个性差异与学校的现实条件，课程形态与课时安排缺乏针对性和灵活性，不能满足学生的需求，不利于学校的特色发展。新课程对课程形态进行灵活安排，对课时安排实行弹性管理。针对不同学校各种教育资源的差异，课程形态可灵活选择，既可选用综合课程，也可沿用分科课程，还可将综合课程与分科课程结合使用，使学校具有选择课程形态的权利与自由。如7到9年级，既可以选择科学课，也可以沿用以前的生物、物理和化学进行分科教学。对于具体的课时安排，学校可依据国家课时比例要求，对课时进行弹性制安排，保证课程计划的顺利实施，增强学校课时安排的灵活性与自主性，提高教学质量。如在九年制义务教育阶段的语文课时占九年课时总比例的20%—22%，而非以往的24%，这不仅降低了语文课的比重，改变了以往科目比例失衡的状况，而且具体课时数不是唯一的，各学校可依据学校的具体情况，在比例规定范围内安排语文的课时，使课时安排有了伸缩的空间。

(三)增强地方和学校课程开发与建设的能力

我国长期以来以“国家本位”开发课程,地方与学校的职责主要是贯彻国家的教育方针政策,整齐划一地执行国家的教学大纲,忽视了不同地区与学校的现实状况。新课程强调要将部分课程开发与建设的权力下放给地方和学校,在落实国家课程计划的前提下,开发符合地方与学校特色的课程,提高他们进行课程开发与建设的能力。

“地方课程是在国家规定的各个教育阶段的课程计划内,由省一级的教育行政部门或其授权的教育部门依据当地的政治、经济、文化、民族等发展需要而开发的课程。”①地方课程是国家课程标准与地方课程资源的有机结合。我国幅员辽阔,各地经济、文化发展极不平衡,国家课程难以满足不同地区的需求。各地区要根据各地的地方特色,在严格执行国家课程计划和课程标准等方针政策的前提下,按照地方的实际情况与发展需要,为落实国家课程标准制订具体的方案,开发好地方课程,体现地域性文化特征,弥补国家课程不能满足地方需求的不足,有效地克服国家课程脱离地方社会需求的弊端,使课程与地方生活相联系,促使学生了解社区、接触社会、关注地方发展、增强社会责任感。

“校本课程是以学校教师为主体,在具体实施国家课程和地方课程的前提下,通过对本校学生的需求进行科学的评估,充分利用当地社区和学校的课程资源,根据学校的办学思想而开发的多样性的可供学生选择的课程。”②新课程强调学校是课程实施的主体,一切理想课程只有在学校才能最终转化为现实课程。学校要严格执行国家、地方法规和课程政策,有效落实国家教育的基本标准,同时,为提高课程对不同地区与学校的适应性,就必须发挥学校主观能动性去建设自己的学校课程,把课程实施的管理权、教材的选择权等真正交给学校,发挥学校课程实施的主体功能。鼓励学校开发满足本校学生需求、体现学校办学特色的校本课程,重视学校在课程开发中的主体地位,并鼓励

① 朱慕菊.走进新课程——与课程实施者对话.北京:北京师范大学出版社,2002:196.

② 吴刚平.校本课程开发.成都:四川教育出版社,2002:75、76.

教师、学生、家长和社区人士共同参与到学校课程开发中来，体现学校的办学特色，促进学生多样化的发展，以及教师课程开发与研究能力的提高，最终提高学校办学的整体水平。

此外，地方与学校在综合实践活动课程开发中具有重要作用。综合实践活动是兼有国家课程、地方课程和校本课程性质的一种课程组织形态。国家只制定出台了《综合实践活动指导纲要·总则》和各领域的《实施指南》，具体课程资源的利用、课程内容的开发与课程的具体操作，则依靠地方和学校作为课程主体发挥作用。地方与学校只有在实践中不断提高自身的课程建设能力，才能开发出既体现国家课程指导纲要精神实质，又体现地方特色、突出学校办学宗旨的综合实践活动。

（四）一标多本，完善教材管理制度

新课程的教材管理要改变以往教学大纲在课程管理方面缺乏弹性与选择性的状况，打破以一套教材一统天下的局面，在国家课程标准的指导下，鼓励有关机构、出版部门等依据国家课程标准组织编写教材，实现教材多样化，完善教材管理制度。

长期以来，教学大纲对各科教学都作出了极其细致、具体的规定，虽然便于教师学习与直接运用，但却忽视了教师的创造性，使教材缺乏个性与特色。而且我国一直实行“一纲一本”的教材管理制度，这虽然便于国家统一管理，但却造成教材无法适应各地区的需要，不能反映城乡差异的状况，使教材不能满足不同学生对知识的需求。新的课程标准与教学大纲相比，它只提出了某一学段学生所应达到的基本标准和对课程实施的建设性意见，而对于具体实现课程目标的手段与过程、知识安排的前后顺序不作硬性规定，为教材的多样化发展提供了非常广阔的空间。新课程改革实行国家基本要求指导下的教材多样化政策。国家公布统一的课程标准，在国家课程标准的指导下，无论是机关、团体，还是个人，只要经教育部资格核准，都可依照课程标准组织编写教材，并根据教材管理的有关规定申报给教育部，教材经审查适用，将会列入教材用书目录，全国的中小学均可选择使用。一标多本的教材管理制度鼓励各地区选择使用适合本地区特色和学生需要的教材，这既提高了教材对地方与学校的适应性，也扩大了地方与学校选择教材的权力；为保证教材质量，新课程教材管理还提出要实

行编审分离制度，严密而公正地对教材进行审查；同时为改进教材供应制度，引入了市场竞争机制，对教材的出版发行、试行、公开竞标，提高教材编印质量，降低原料消耗，减轻学生负担；改进教材的选用制度，鼓励校长与教师参与教材的选用，提高教材的使用效率，并通过对教材的评价与选用，促进教材质量的提高，使教材多而不乱，质量与效率兼顾。

二、典型案例分析

（一）典型案例：走进沙地文化——浙江萧山九中校本课程的开发与实施

走进沙地文化——浙江萧山九中校本课程的开发与实施

沙地，是钱塘江大潮造就的“天堂”里的金土地，人杰地灵，风华物茂。受潮水的滋润和洗礼，这里逐渐形成了一种富有个性的区域文化。浙江萧山九中地处沙地，有沙地“最高学府”之称。受沙地文化的启示，学校力图以此作为教育资源进行校本课程的开发，以这种富有个性的区域文化，使学生通过课程受到感染和熏陶，从而把学生培养成为既有扎实文化知识，又能全面弘扬本土文化的优秀人才。

1.《沙地文化》课程开发

(1)课程目标

《沙地文化》课程的总体目标是培养学生的综合素质，尤其是学生的人文素养。学生综合素质的培养是建立在学生情感态度、学习策略、文化意识、综合知识、社交能力等整体发展的基础上的。

(2)课程结构

《沙地文化》在内容上以人与文化的互动为主题，提炼相关的课题，组成一个“课题超市”，供学生自主选择学习。在实践过程中我们逐渐形成了沙地“生活”、“行业”、“民俗”、“围垦”这四个主题。

①生活。对每一个人而言，沙地生活是实实在在的，无论从沙地

的服饰、沙地的居住条件，还是从沙地的语言、沙地的吃食等，我们都能感受到沙地人的节俭、勤劳。我们不仅要让学生感受沙地生活，更重要的是要去领悟并挖掘融入沙地文化的底蕴。

②行业。从最初的"货郎担"到如今的纺织大业，沙地的行业很多，而且还在不断地没落与新生。本主题的学习不是统计沙地的行业，而是从沙地行业的特点来透析沙地人的市场意识和发展观念。从已经走向没落的"花边业"，我们将看到沙地人的开放；从"萝卜干业"，我们将体会到沙地人强烈的市场意识；从正在走向繁荣的纺织业，我们可以发现沙地人抢抓机遇、敢为人先的精神品质。

③民俗。沙地风俗是融入沙地的重要组成部分。我们主要通过对沙地的庙会、殡葬、民间节日等课题的学习以了解沙地民俗，剔除其糟粕，汲取其精华。

④围垦。生活在钱塘江边的沙地人，移山筑塘，潮口夺地，圈涂围地，为子孙后代开垦了大量的土地，在此过程中沙地人养成并积淀了艰苦奋斗、百折不挠、求实创新的"围垦精神"。

(3)课时计划

学生学习本课程，一般选择其中一个主题，在课时安排上分三大部分。第一部分：走进课程，包括制订学习计划、收集资料、与专家交流等活动，约需8课时；第二部分：校外基地实践，约需3天(20课时左右)；第三部分：总结交流，包括撰写论文、交流答辩等活动，约需10课时。

(4)教学文本

经过两年多的探索和实践，《沙地文化》校本课程逐渐成熟和完善。2002年4月，在学校全体师生的努力下，校本课程专著《沙地文化》由四川人民出版社正式出版。本书由"沙地文化"、"课程建构"、"学习策略"、"课题超市"、"行动文本"、"案例选录"共六部分组成。本书内容既不是单纯的地域文化介绍，也不是纯课程理论建构，而是把地域文化资源融入了学校课程建设之中。它提供了大量的信息，帮助教师了解学生是否达到了预先制订的教学目标，同时，也有助于教师发现教学文本使用过程中存在的问题，以便以后对此作调整。

2.《沙地文化》课程实施

(1)实施途径和方法

①第一阶段:确立探究课题主要方法:A. 专家座谈。请沙地名人(如沈青松、陈志根等)来学校进行座谈。在座谈过程中,通过采用提问、假设等方式,激发学生的兴趣,使学生能从专家提供的信息中,发现自己感兴趣的问题,并确立自己的探究课题。B. 实地考察。让学生到沙地走走,去参观一些沙地人的房子、沙地人的农田、沙地人的工厂、沙地人的围垦指挥部,以及到沙地老埠头去访古。在这些过程中,学生会对一些沙地现象产生浓厚的兴趣,或者会产生一些问题,这些都是研究沙地文化的切入口。C. 举办读书会。为了帮助学生初步了解沙地,学校举办多次读书会活动,让学生阅读一些有关沙地历史、风俗人情的书籍和报刊,并指导学生用辐射、对比和质疑三种方法,对书籍中描述的一些现象予以质疑。

②第二阶段:融入沙地,探究实践。在沙地探究实践活动期间,我们采取以下策略让学生获取信息:A. 审美策略。通过各种审美活动来陶情冶性,净心健体。让学生到钱塘江边聆听隆隆的涌潮声,亲身感受大自然的力量之美;和沙地农民一起拔萝卜、切萝卜、晒萝卜……体验劳动带来的乐趣,欣赏沙地人的劳动之美。B. 想象策略。第一,用对比想象来研究那些由于年久而无法查寻到内容和资料的课题。第二,用因果联想来研究沙地农家的一些特殊生活现象。C. 体验策略。第一,通过做几天"地道的沙地人"让学生体验、感受沙地人的文化。第二,通过自主采访、调查等学习活动,让学生从成功和失败的体验中,学会一些为人处世的技巧,为将来迈出校门、走向社会奠定基础。D. 访谈策略。通过与沙地人的直接交流,让学生在较短的时间内获取第一手资料。

③第三阶段:展示成果,交流学习。主要方式有:A. 编排晚会。B. 举办答辩会。C. 交流日记。

(2)教学评价

《沙地文化》校本课程对学生的学业评价采用档案袋法。这里所指的档案袋实际上就是操作文本中为学生预设的各种空白"文件包",包括学习方案、资料卡片、访谈表、调查卷、活动记录、学习日记、结题报告等内容,考评组在学生自评和互评的基础上,结合这些资料信息以等级方式对学生"积极参与"、"意志毅力"、"方法态度"、"团队精神”、“组织能力”、“社交能力”、“创造发现”、“成果表述”作客观、全面的质评和量评。

资料来源：徐柏兴.走进沙地文化——浙江萧山九中校本课程的开发与实施.教育发展研究，2003(1)：42-46.

（二）案例分析

“走进沙地文化”的校本课程开发，充分利用当地的课程资源，制订全面、细致、具体的课程目标，并能灵活安排课程，运用档案袋评价法，注重对学生参与过程的评价，体现了一些新课程的新理念。

1.充分利用当地课程资源。“浙江萧山九中地处沙地，有沙地‘最高学府’之称。受沙地文化的启示，学校力图以此作为教育资源进行校本课程的开发。”请当地名人参与到课程中来，不仅利用地理资源，而且还重视对人力资源的利用。

2.课程目标全面，课时安排灵活多样。课程的总体目标是“培养学生的综合素质，尤其是学生的人文素养”，又具体地将这一目标划分为情感态度、学习策略、文化意识、综合知识、社交能力等几个方面。在课时安排上，根据课程内容，将课时分散与结合使用，既强调教育内容的连贯性，又为学生选择课程提供充分的空间，在时间上切实保证了校本课程的实施效果。

3.课程内容在主题之下关注学生的兴趣。《沙地文化》在内容上以人与文化的互动为主题，提炼相关的课题，组成一个以“生活”、“行业”、“民俗”、“围垦”为主体的“课题超市”，供学生自主选择学习。体现了对学生学习兴趣的关注，使学生有选择课程的自由和权利，满足学生的需要。

4.课程实施注重学生多样的探究与体验。在学生参与主题活动中，让学生感受沙地生活、统计分析行业的转换与发展、了解民俗、体会围垦，引导学生领悟并挖掘沙地文化的底蕴、透析沙地人的市场意识和发展观念、学习沙地人“艰苦奋斗、百折不挠、求实创新”的精神，较好地发挥了校本课程在情感、态度、价值观等方面对学生的教育功能。

5.体现发展性评价的教育理念。对于学生参与校本课程的情况，应用档案袋进行评价，将学习方案、资料卡片、访谈表、调查卷、活动记录、学习日记、结题报告等收录其中，内容丰富；评价纬度全面，包括对学生意志品质、组织与社交能力、创造力以及合作精神等多方面的评价；评价者不仅有教师，还有学生，强调学生自评、互评以及小组评价，使评价更客观。

“走进沙地文化”的校本课程开发也存在不足之处：校本课程的开发强调充分尊重和满足学校师生的独特性和差异性，而浙江萧山九中校本课程开发的出发点主要是学校考虑利用方便的课程资源条件，没有体现出对学生兴趣与需要的考察，以及对教师在这方面教学能力的考察。因此，虽然“走进沙地文化”体现了学校的办学特色，但是否能真正满足学生需要，是否能促进教师课程建设能力的提高，还需要进一步思考。

三、思想资源库

三级权利主体的权责分配

中华人民共和国教育部是我国教育课程行政中的最高管理机构，它的权力与职责主要表现在：

1. 宏观指导我国基础教育的课程改革，并具体制定相应的课程政策以及国家基础教育课程计划框架。

2. 组织制订或修订、审定我国基础教育各个阶段的课程计划。包括统一规定国家课程在各个教育阶段中的中观课程结构，如学习领域或科目数、总课时、周课时以及课时分配结构，严格控制学生的活动时间量与基本学业负担。

3. 颁布国家课程中各学科或学习领域（尤其是核心课程）的课程标准，确保学生统一的、基本的学业要求，规定国家基本的教育质量。

4. 制订国家课程实施过程的指导性意见，尽可能缩小理想课程与现实课程的差距。

5. 制定并颁布基础教育课程评价制度，确保国家基础教育课程在各个阶段的目标得到很好的实现。

6. 制定三级课程开发与管理的政策。如结合我国的实际情况,编制地方课程与校本课程的开发与管理指南,在《课程计划》规定的范围内,积极鼓励有条件的地方和学校开发地方课程和校本课程。

7. 制定教科书或教材开发与管理政策。如定期向学校和社会公布经审定的中小学教材目录,并逐步建立中小学教材巡展制度。

地方教育行政部门在我国基础教育课程行政中的权力与职责主要表现在:

1. 省(自治区、直辖市)一级教育行政部门按照国家课程计划的要求,制订本地实施的各个教育阶段的《课程计划》,并报教育部基础教育司备案。同时,制订推广这一计划的具体措施。

2. 依据教育部颁发的《地方课程管理指南》,组织专家或与专家合作开发地方课程(包括标准与教材),并制订学校实施这类课程的指导性意见。

3. 通过下属各级地方教育行政部门,负责监督与评估当地学校执行国家规定的《课程计划》状况,以确保已颁布的各个教育阶段的课程计划能够全面落实。

4. 通过下属各级地方教育行政部门,负责指导学校制订实施《学校课程计划》的具体方案,并具体指导学校开发校本课程。

5. 县级教育行政部门要在规定的时间内审议各中小学上报的《校本课程开发方案》,并反馈审议意见。

学校既是执行课程计划的机构,也是真正发生教育的地方,是理想课程转为现实课程的主阵地,因此学校的课程权利是一个不可忽视的问题。学校(这里仅指义务教育和普通高中阶段)在我国基础教育课程管理中的权力与职责主要表现在:

1. 学校根据教育部和本省(自治区、直辖市)课程计划的有关规定,从当地社区、学校的实际出发,制订《学校学年课程实施方案》,报县级教育行政部门备案。

2. 依据教育部颁发的《学校课程管理指南》,结合本校的传统和优势,与校外有关专家合作,开发适合自己本校实际情况的校本课程,提供给不同需求的学生选择。《校本课程开发方案》必须在规定时间内报县级教育行政部门审议。

教育组撤了，教育如何管

乡镇教育管理机构撤销后，如何正确实施对中小学的管理？尽管不少地方已经取得了很多成功经验，但存在的问题还不少。比如，有的县市仍按老办法管理乡镇教育，基层难以应付；有的乡镇政府片面认为自己不必再去管教育，因而出现了乡镇教育管理的真空；有的中心学校仍按原教育组管理教育的办法来管理学校，穿新鞋走旧路，工作没有新起色。

在乡镇教育组撤销之后，在经费上，一是教职工的工资必须县市统筹，全额预算，按月发放，直达教师个人银行账户。二是足额保证、适当提高农村中小学公用经费标准，农村中小学收取的杂费全部用于公用经费支出，不足部分由县、市两级财政在预算上予以安排。三是建立从中央到省、市、县、乡分级承担义务教育经费的机制，加大县级政府在保证义务教育投入方面的责任。四是积极化解“普九”债务。“人民教育政府办”，乡镇教育组撤销后，要按照“核定、剥离、移交、偿还”的办法由政府部门妥善处理。

在人的问题上，一是落实农村中小学教师队伍和校长队伍由县级教育行政部门统一管理的规定，以县为单位核定教职工编制，增强编制配备的科学性、实用性。现在一些地方在校长的任命上出现“分蛋糕”现象，即村级小学校长由乡镇政府任命，乡镇中心小学及初中校长由教育局任命，高中以上校长由教育局推荐、组织部门任命，必须及时纠正，避免政出多门，引起混乱。二是推行教职工全员聘任制。在全县范围内合理配置教师资源，建立“人员能进能出、待遇能高能低、职务能上能下”的竞争激励机制，激活教师队伍。三是建立合理流动机制。鼓励城区、城镇优秀教师“上山下乡”，到农村学校“插队落户”，建功立业；选派农村学校有发展潜力的中青年教师到城区、城镇学校跟班学习。

要切实理顺各方关系，明确并落实县、乡、村在基础教育中的责任，形成层层有责、责权明晰、责任具体、便于操作的工作机制，理顺县市教育行政部门同乡镇政府的关系、乡镇教育助理和中心学校校长的关系等。同时，要改进工作方法。乡镇教育组撤销后，对县级教育行政部门的驾驭能力以及学校自身的管理水平都提出了更高要求。县教育局机关经过机构改革后行政编制一般只有20人左右，而要面对的是上百所中小学、几万名学生、几千名教师，如果继续沿用过去通过乡镇教育组这个中间机构对学校实施管理的方式，显然行不通了。

资料来源：中国教育报，2003-5-27.

《绿色吉林》走进中小学课堂

一部面向中小学生的生态教育系列教材《绿色吉林》日前正式走进吉林省中小学课堂。据了解，这是我国第一部面向中小学的生态教育系列教材。

据吉林省有关部门介绍，《绿色吉林》系列教材是为落实吉林省提出的"建设生态省"发展战略而编写的带有宣传教育性质的教材，整套教材体现出为"建设生态省"服务的宗旨。幼儿版、小学版追求在联系学生现有生活实际的基础上，激发学生的生态意识；初中版给学生以初步的生态学理论教育，使学生了解本省的生态资源情况；高中教材把握全省建设生态环保型效益经济的基本目标，将可持续发展思想体现其中，为学生的研究性学习提供帮助。

资料来源：中国教师报，2003(15).

湖北省中小学将增设安全课

近日，湖北省交警总队队长张广宏透露，本月下旬起，该省将开展"三护"活动，该省中小学将新增一门安全课程。

"三护"即"让孩子安全回家——交警护学岗"、"让乘客安全回家——交警护车队"、"让司机安全回家——交警护路网"。每所学校设立一个"护学岗"，指定一名管段交警；每个交警大队选调3至5名民警组成专业护车队，长年便衣跟车。

据悉，《中小学生交通安全知识教育课本》由湖北省公安厅和省教育厅统一编写、免费印发，教学内容、时间和考试内容及评分标准由两课”,让学生在服务社会中实践公民道德,并以此作为改变学生公德教育现状的突破口。

吴宁镇中学校长认为,教育的最终目的是为人服务,为学生的终生负责,这就必须首先教会学生做人。为此,学校把“社会服务课”定为社会化实践型课程,服务内容包括:为自我服务、为师生服务、为家庭服务、为邻里服务、为社区服务、为祖国利益服务6项,规定每名学生每周社会服务不少于1个课时(45分钟),每学年(含假期)不少于52课时。

同时,该校建立健全社会服务课的监督反馈系统,分别设计了“社会服务课教师备课笔记”、“社会服务课校外指导教师备课笔记”、“学生社会服务课笔记”,实行社会服务课“导师制”,要求每位指导教师每学期有计划、有总结。此外,采取了不同于文化课的学校、指导教师、班主任、家庭、小组五级评价体系,其评价结果与学生本人的评优、学年操行等第、毕业等挂钩,实行“一票否决制”。这个学期以来,吴宁镇中学在学生公德教育方面已迈出了重行为、重实践、重实效的第一步。社会服务课把重点放在学生“道德行为”的训练上,学生们带着问题去服务,在服务中发现问题,在服务中研究问题,在服务中解决问题,不但培养了学生的实践能力、动手能力,还在实践公民道德中取得了较好的效果。

资料来源:中国教育报,2002-6-23.

学校进行校本课程开发应具备的条件

学校进行校本课程开发需要具备四方面的基本条件:(1)明确的教育哲学和办学宗旨;(2)民主开放的学校组织结构;(3)体现学校教育哲学和办学宗旨的教学系统;(4)自觉自律的内部评价与改进机制。这些条件主要是通过学校系统的结构功能具体体现出来的。校本课程开发应该承担的基本任务主要体现在三个方面,即满足学生的实际发展需要、培养和提高校长和教师的课程意识以及形成和体现学校的办学特色。

资料来源:吴刚平.校本课程开发.成都:四川教育出版社,2002:98-103.